无序 序 的 用处

个人身份 与 城市生活

[美] 理查德·桑内特 著

戎渐歆 译

上海人民出版社

致 谢

本书的灵感来自同埃里克·埃里克森在新英格兰某片墓地的一次清晨散步。我要感谢他在此后的几个月里对我的持续鼓励。我还要感谢乔恩·科布、简·怀特以及我的妻子卡罗尔，他们帮助我找到了思考的知识方向。我要特别感谢安格斯·卡梅伦，他在写作的关键阶段帮助我确定了本书的意图。

序　言 | 彼时与现在

　　大多数作家一生中只会想到几个重要观点。幸运的是，我在二十五岁时便有了一个：生活在一个庞大、混乱的城市中，个体可以真正像人类一样发展。与和自己不同的人共处，面对复杂空间孕育出的偶然机会与发现，体验无比密集的城市生活，种种挑战都能使人成长。但在半个世纪前，也就是我年轻的时候，城市中并不存在这种可能。它们排斥多样性与复杂性。阶级与种族隔离使得不同群体无法频繁互动；公园与公共空间渺无人烟；大型企业和严格的总体规划挤占了当地的生活。僵化的组织与管控，阻碍了人们的丰富体验。

　　这些对当时的物理空间的描述，同样适用于如今的数字空间。原则上，互联网也能够丰富体验，让人们接触到大量的陌生人并拓宽视野；但事实上，它正在将行为规范化、惯例化，剥夺了人们获得复杂能力的机会。同自上而下的城市一样，自上而下的互联网应当受到质疑，从而变得更为开放。我认为彼时与现在之间至少存在这种联系，也因此，我希望《无序的用处》一书依然有其影响力。

　　彼时与现在之间似乎存在一个明显差别。20 世纪 60 年代，美国与西欧蓬勃发展，因此，那时的问题在于如何塑造这种增长、如何利用丰裕的资源。如今，经济资源相对稀缺，至少对大多数并非极度富有或显贵的公民来说，增长已经不可持续了。作为政治标签的 60 年代是个无比忧郁却又蕴含无尽希望的时代，年轻的理想主义者们相信一切会有所改变。但现在，极端的不平等缩小了机会的范围，也限制了人们的政治想象力；他们变得愤世嫉俗，认为再也没有什么事情是能够做成的。

作为一个年长者，这是我如今最为担心的状况。"现实主义"会催生顺从，但逆来顺受无法让人熬过生活。人不能彻底听天由命。或许时间让 20 世纪 60 年代蒙上了玫瑰色的滤镜，但它的理想主义确实能为我们带来力量。当我现在重读我的这些文字时，会发现许多不切实际的空想，但这并不意味着它是个错误。

如果要重写这本书，我会补充展现艺术对实现全书主旨的帮助。在 20 世纪 60 年代，一些纽约的艺术家试图动摇人们看待城市的常规方式，例如黛安·阿勃丝（Diane Arbus）的照片与乔纳斯·梅卡斯（Jonas Mekas）的电影。相较于十年前那些内省的抽象主义画作与诗歌，他们的作品具有不同的精神内核，不再局限于艺术自身、不再仅为艺术本身创作。类似的现象也在 20 世纪 60 年代的建筑领域出现：迈克尔·索尔金（Michael Sorkin）和马克斯·邦德（Max Bond）等人不再将建筑视作华丽的、单独存在的物体，转而开始认真地对待环境——在纽约，这代表着他们开始关注城市的混乱，换言之，也就是城市的活力。如此，这些建筑师响应了简·雅各布斯在她的经典著作《美国大城市的死与生》中的号召：追求建筑形式的复杂性，而非清晰性。

我的书同样受到雅各布斯的启发（我们最终成为了很好的

朋友），尽管当时我和她的看法甚至并不一致。她是社区的坚定拥趸；而我，即使在《无序的用处》一书中，感兴趣的都是人们该如何在一个庞大、密集、匿名的城市中，摆脱内向的、自我封闭的、停滞的社区的束缚。城市不是村庄。政治哲学家汉娜·阿伦特在《人的境况》等书中讨论了摆脱固定身份后的自由，我在后续有关公共生活的研究，如《公共人的衰落》中，借鉴了她的思路。

　　尽管我是个思想家，而不是个实干家，但随着时间的推移，《无序的用处》似乎引起了社区组织者与建筑师的共鸣。其中，一位名叫巴勃罗·森德拉（Pablo Sendra）的规划师将本书的概念应用到了城市建设中。他仔细构想了怎样的物质基础设施才能够支撑地面上的灵活性，使得不同甚至互相冲突的建筑与空间能够共存。巴勃罗与我合著的新作《设计无序》（*Designing Disorder*）将与这本《无序的用处》的再版共同问世。我的写作期望，是希望《无序的用处》能够激发人们超越专业实践边界的、更为广泛的探索，因为城市既是一个空间，更是一种思维状态。

理查德·桑内特

2021 年 6 月于伦敦

目录

引 言

　　近十年来，社会背景不同、政治观点各异的人们意识到了重建城市生活的必要性。多次暴乱迫使大众将注意力投向黑人贫困问题，但活跃于 20 世纪 60 年代的年轻人对城市产生了更广阔的兴趣。与他们沉默的父辈不同，这一代人在密集的城市生活中感受到了某种博爱的可能，那是一种全新形式的温情，也即如今被模糊地称作"社区"的概念。

　　对贫民窟以外的年轻人来说，追寻这样的城市社区，追寻其中的联结与共享，大多事与愿违。一些人试图从黑人区内部找到这种联结，但黑人兄弟的团结是以巨大的苦难为代价换来的，不允许外来者随意消费。黑人们让这些富裕的白人去寻找属于自己的温情。另一些人则想要鼓动工人建立共同体，但如今的工人阶级并不买学生联盟的账，哪怕给了回应，他们也对这群孩子相当粗暴。

　　因此，对年轻人——白人、富裕、因父母的束缚而闷闷不乐的年轻人来说，对现有社区的追寻转变为了对某种生活准则的探索。由于不断遭受排挤，他们被迫回归诚恳的自我分析，社会与个体的复兴运动也因此停滞。人们开始思考：对于一个富足的、受过教育的白人来说，感受到与他人归属于同一集体究竟是什么意思？那些生活在郊区的人们拥有一种身份带来的团结感，一种"我们"作为共同体的感受，但这种社会凝聚正是大多数成长于郊区的人想要逃离的。在这个全新的、理想的社区的模糊轮廓中，应当包含某种自由。但是，在满足了物质需求之后，还存在什么样的社区自由呢？

这显然不是一个小问题，而是历史的重大转折。历史首次让丰裕既成为了一代人的生活常态，也成为了他们需要着手处理的问题。然而，过去十年间推动变革的努力之所以陷入了僵局，也正是因为这一代人再也没有了以往的藏身之处，无法伪装成黑人或者贫穷白人来发声。留给他们的是一个真正的问题，那就是在拥有了丰裕的社会资料，从匮乏和物质需求中获得解放之后，人们应当如何构建社会生活。创造了富裕生活的上一代人无法提供经验，因为他们刻意地偏安郊区、不问世事，而这似乎并非一种令人满意的维持社会生活的方式。事实上，那更像是自愿为安逸所奴役。

如果美国能够结束它在越南的冒进，并从中吸取教训，摆脱军事开支的无底洞，那将会有巨额的资金可以投入国内的复兴——从经济角度看，这或许是必须的。届时，"代沟"问题将再次被提起。如果我们想要避免贫民窟的住房条件、教育资源和健康环境持续堕落，应该怎么办？像过去一样建设城市，让黑人和贫穷白人再次陷入富裕的白人孩子已经体会过的莫名迷茫中吗？穷人们反对走这条老路，且质疑声日益高涨。他们宣称褐砂石胜过大理石、贫民窟的旧房子终归比新兴工程的住房更好。因为目前看来，一旦进入富裕的城市生活，某些他们认为必不可少的东西，也就是所谓的"社区"，便会丧失光彩。

富裕，不同革命阵营的共同问题

尤为奇怪的是，现代社区生活面临的问题跨越了革命路线的差异。革命后的苏俄和它那些更为富裕的卫星国的社会秩序似乎同样面临着各种危机，而这些危机本应在革命的剧变中得以平息。这些国家的年轻人们发现，他们的父母在以一种令人不安的方式享受着丰裕条件。官僚家庭有意维持着简单化的生活，而无论是在莫斯科还是纽约，对青年来说，每天周而复始的例行公事都是一样的死气沉沉。还是那个问题：当一个人从物质需求中解放后，他应该如何对待社区生活？大革命重新分配了财富，但革命本身并不能决定最终的丰裕成果会以何种方式融入个体的生活，更不会告诉人们，当不再需要为果腹而挣扎后，他们将会投身于什么事业。

除了过往的创伤，我们的社会还必须维系什么？这是许多革命作家共同关注的问题。他们最终与我们的年轻人殊途同归，开始思考在物质相对充足的经济条件下，什么样的社区共享模式应该占据主导位置。赫伯特·马尔库塞（Herbert Marcuse）和弗朗茨·法农（Franz Fanon）等人给出了一个具体的答案。他们认为革命不仅意味着社会摆脱了暴君统治，这一经历更应该是一种情感体验和教育过程，使人们逐渐习惯并接受生活中存在一定程度的无政府与无序状态。如果人们只想要更换社会领导者，却不愿意承受社会动乱，那么革命根本不可能发生。马克思也承认这一点。他在《1844年经济学哲学手稿》中写道，在革命后的世界里，要想达到真正的自由，就必须超越对秩序的需要。不过，在马克思的早期著作中，他也曾幻想过经济富裕本身就能消除社会对秩序的结构性需求。他一度认为，秩序压迫不仅来自分配不公，同样也来自可供周转的财富不足这一事实。正因此，以萨特为代表的评论家们，会将丰裕视作马克思哲学思想的前提，认为他阐述的社会并不依赖经济稀缺带来的秩序而存在。

不少革命作家都意识到，他们梦想中的自由并不会从单纯的再分配事实中产生。其中，阿尔及利亚的精神分析学家弗朗茨·法农的阐述最为明确。他指出，我们需要特定的社会结构，才能避免生活变成例行公事。只有当革命者始终置身于城市生活之外，革命过程中固有的自由因子才能存续；革命者必须将城市视作敌人，因为这样的人类聚居形式一定会妨碍革命事业的开展。法农认为，城市中必然存在的科层制和交往的匿名性，最终注定会破坏人与人之间的亲密感，并使人们放弃追求对所有人都更美好、更公正的共同生活。同样地，出于对城市密集环境的恐惧，人们将转而追寻更安全的日常生活，以确保自己不被压垮。就这样，他们逐渐被推入安定的私人领域中，最终迷失了革命者的身份。

革命领导者们对城市有根深蒂固的偏见。俄罗斯的状况让他们感到不安。菲德尔·卡斯特罗等人转而颂扬农民的力量，这些推崇游击战争的军事理论家们逐渐放弃了城市，并日益将那里视为点燃革命理想火焰的"无望"之地。

但法农等人对城市的恐惧，会严重限制人类的自由。规避城市生活或许确实能够保持人们团结的激情，但它的代价是让革命者的生活极度简化，强行维持着类似原始部落或小村庄的状态。随着越来越多不同的人在拥挤的城市聚居，通过上述方法保持革命精神的活跃，不仅会束缚自身，更会限制社会的多样性。讽刺的是，这种把社会生活的边界封锁得密不透风的做法，倒确实满足了人们逃避例行日程的强烈愿望。

此外，大规模组织带来的问题依然悬而未决。每当我们强调部落式的、亲密的关系比客观的、官僚化的做法更好时，我们就是在承认自己无力应对或改变科层结构本身。就这样，抗拒城市的革命者与西方国家的新左派，遇到了相同的问题：如何改造以城市为基础的大规模科层制，从而使更好的社区生活成为可能？问题的关键在于，人们要学习如何驾驭这个带来了丰裕生活的系统，以避免因它窒息而死。

我赞同马尔库塞和法农等人的部分观点，我们确实需要将无序和多样性置于新的语境中理解，那些为了在经济稀缺中存活所必须的规则与惯例如今也已经过时了。但我自己始终在思考，密集的、混乱的、势不可挡的城市如何能够成为一种工具，以教导人们怎样在这种全新的自由中生活。

我得先从战后的历史教给这一代人的前提谈起：丰裕社会不仅为人们提供了自由，同时也为人们开辟了自愿接受暴政的可能性。要了解这些摆脱了经济匮乏的人们的社区生活，就需要探寻人类更为阴暗的欲望；这种欲望在社会关系中的体现，就是人们正在寻求一种安全、可靠的奴役。尽管大多数人不愿承认这种情感，但只有对它刨根问底，我们才可以明确现代丰裕社会中的人们渴望怎样的自由，以及它如何能够实现。

与埃里希·弗洛姆（Erich Fromm）或汉娜·阿伦特（Hannah Arendt）等作家不同，我并不会从宽泛的心理层面分析人们对奴役的渴望。我认为这种渴望与丰裕社区的生活息息相关，并且具有一种非常特殊的表现形式：在富足的社区中，奴役与自由只有一线之隔，而这一界限取决于人们能否从青春期过渡至成年。这就是本书的主旨。我想要说明，在青春期产生的一系列力量和欲望会导致人的自我奴役，而当前城市社区的组织形式恰恰鼓励了青少年的这种行为。但人们依然有可能打破这一框架，只要接受了无序和痛苦的混乱，他们就能够获得自由、步入成年。青少年需要一种全新的经验结构来实现这一可能的转变，而这种经验结构只可能产生于某种密集的、不受控制的人类聚居地——也就是城市之中。本书意图说服读者，城市庞大而寂寥的钢铁丛林有其积极意义，这些如今让大多数人厌恶的事物中同样蕴含着人性价值。事实上，我认为城市生活中需要增加特定类型的无序，这样人们才能充分成年；我同样希望证明，这能够促使人们放弃目前对无端暴力的嗜好。

保守的读者最初可能会赞成这个观点，因为它似乎表明年轻人的所有想法和不满都可以被视为有害的错误观念，只要不予理睬，等他们长大后便会自然消失。但这恰恰是因为，现有富裕社区的生活结构不利于青少年挥洒全新的力量与激情，他们的感受无法被充分表达或推敲，仿佛人们默认人生的早期阶段没有之后的重要。因此，自我奴役的冲动始终未被解决。富裕社区的成年人们被自己在青春期产生的欲望吓坏了，他们对自己行将获得的完整的自由感到恐惧。但大型城市的结构赋予了人们脱离泥淖的可能性。这些有意打造的、多元的城市社会能够提供打破自我奴役所需的经验，使人们获得身为成人的全部自由。

我认为，在这一代年轻人追寻"社区"时，他们模糊且稚嫩的目标，就是能够自由地接受无序并生活其中。我为完善和深化这一概念而做出的努力，恐怕本身也过于模糊不清，无法成为某种"证明"或宏大理论。我只是感到有必要扪心自问，并希望各位读者也能如此。

第一部分

新的清教主义

第一章

净化的身份

1929 年，安德烈·马尔罗（Andre Malraux）出版了他的第一部小说《征服者》（*The Conquerors*）。这本书讲述了 1925 年中国革命领袖的故事。马尔罗的美国出版商写道："这的确是第一本如此布局的现代小说，作者将政治原始材料置于次要地位，以凸显它真正的主题：角色对他们生命的意义的探索。"这本书的真正主旨是人物在斗争背后的心理活动，也就是引导他们投身革命的那种热情。

小说的核心是两类领导者之间的分歧。一方是鲍罗廷和加林，两位在中国指导本土革命干部的俄罗斯革命者；另一方是中国青年洪，一个无政府主义者。他原本与鲍罗廷和加林站在同一阵营，但最终与前者产生了激烈冲突。

鲍罗廷和加林信奉马克思主义，但他们并不是空想家。他们发动的抗争关注的是具体的事件和群体，因此，特定的革命经历会不断动摇、改变他们的权利主张。鲍罗廷和加林不仅仅是"战术家"，他们确实在为某个理由或动机战斗，但这个理由会受到革命催生的种种独特且难以归类的事件的影响。

奇怪的是，身为一个无政府主义者，鲍罗廷和加林最终的敌人洪，比他们两人更加死板。他对"应当做什么"的感知，对"什么是正确的"的判断，与革命事实完全不符，但他不愿屈伸。他无法为了行动忍受混乱，也拒绝让自身和自己的信念在实际斗争中接受矛盾经历的考验。相反，洪坚持一种置身事外的超然立场。当其他人陷入困境时，他独善其身；在加林和鲍罗廷勇敢地自我怀疑或陷入困惑时，他有意使自己不受影响。

马尔罗笔下的角色有真实人物的原型。故事中的戏剧性，无疑来自那些人在特定历史时刻所展现出的非凡力量。不过，这些革命者值得我们探索的地方不仅仅在于他们的特殊性。借助洪这一角色，马尔罗集中展现了某些行为动机的本质，而在日常事务中，正是它们在引导平平无奇、相对软弱的人们。恰恰因为暗藏着与日常世界的密切联系，洪这个角色是如此引人注目，那些驱动他的力量也变得至关重要。

那些即将开始行医的年轻精神科医生和正在中国战斗的革命领袖的感受，看起来似乎风马牛不相及。因此，这两类人如何能够被同一种欲望左右，就成为了值得探讨的问题。

最近，丹尼尔·莱文森（Daniel Levenson）和迈伦·沙拉夫（Myron Sharaf）这两位美国学者，研究了某种在年轻医生中特有的现象。他们发现，许多初出茅庐的精神科医生倾向于将自己视作小上帝，对病人妄加评判且略显轻蔑。莱文森和沙拉夫将这种态度称作精神医生的万能渴望。这种情况并不普遍，但常常在刚刚开始行医的治疗师中出现。

在研究过程中，莱文森和沙拉夫得出结论：这种小上帝情结的部分成因是新手医生们的强烈恐惧。他们担心自己会被卷入患者的问题之中并因此受伤，害怕这种深入骨髓的痛苦会使他们的自我知觉也随之消解。那种隐含蔑视、遥遥评判的态度是这些新医生抵御恐惧的方式，他们提前画好界线，以此确定自己是谁、和患者又是什么关系。

青年革命家洪和这些年轻医生都发挥了一种特殊的力量——通过僵硬地框定自我，他们切断了自身与周遭世界的联系，孤独地拒人于千里之外。这一固定的自我定义为他们提供了对抗外部世界的强大武器。他们阻断了自己和周围人之间的顺畅往来，并因此获得了一种免疫力，使自我能够不受矛盾纠结的事件所带来的痛苦影响，不会因此困惑，更不至于被它们压垮。对洪来说，这种僵化的自我形象让他能够抵御困惑，并避开革命动乱造成的认知失调。通过确立自己不可动摇的目标和行为方式，在与警察和民众的战斗过程中，洪能够超脱战友们所经历的任何感受，无论是恐惧、杀人的负罪感还是令人心惊胆战的极度紧张。而对年轻医生来说，这种对抗困惑的刻板自我印象能够防止他们被患者滔天的痛苦吞没，尤其是这种痛苦的部分原因，恰恰是患者无法控制它们。革命家和医生采取了同一种办法以免受棘手的社会互动的威胁，那就是**提前**确立自我形象，使自己成为一个固定的客体，而非一个能够被社会情境触动的开放的人。

这些自卫行为中包含的时间感知或许比初看时复杂许多。我们能从某些城市规划师特有的行为模式中看出这一复杂性，尽管这好像与上述两类情况相去甚远。

过去百年来，人类规划大型聚居区的技术手段，始终是"需求投射"，即首先预测一个社区或一座城市未来的物质与社会需求，再对现有的开支和能源做出布置，为预定中的未来状态做足准备。在规划学院，初学者经常质疑这一方法具有误导性，因为人们的未来生活漂泊不定、无法预测，且社会自有其历史，本不随人类期待发展。规划课教师的通常回答是，在制定方案的过程中，预测所得的需求自然会根据实际的反对意见做出调整，需求预测分析只是理想条件的模拟，而不是固定处方。

但过去几年城市规划的实际情况证明，对规划师而言，这份免责声明不过是说说而已。那些负责高速公路建设、住房重新开发和市中心翻新项目的专家们，将因工程流离失所的社区或社会团体的质疑视作对他们计划的价值的威胁，而非社会艰难的重建工作中天然的组成部分。这种恐惧一次又一次地被激起，但凡那些受计划变动影响的人们对自己所能获得的生活补偿表现出最微末的兴趣，规划界就如临大敌。他们将来自社会的质疑和一切同自己最初预测相左的分歧描述为一种"干扰"、"阻碍"或是"工作的中断"。这背后的真正原因在于，这些规划师更愿意相信，与历史的转折和人类现实生活中不可预测的活动相比，那份计划、那个提前做出的预测是更加"真实"的。

本书之后将会详细探究规划师为何倾向于这么思考，但迄今为止的讨论已足够让我们辨识出他们的情感要素。这种类型的城市规划是一种僵化的群体自我形象的投射，其动机和青年革命家以及年轻精神医师塑造僵化的个体自我形象的原因如出一辙。只要有那个预定中的未来，我们就有办法否认社会历史中的不和谐和意外冲突。这种态度否定了历史的概念，那就是社会将来的发展可能会与过去的期望完全不同。正如年轻医生通过扮演小上帝的方式，以疏远且抽离的态度对待病人，来让自己坚强面对恐惧那样，坐在桌前的规划师也用这一手段武装自我，来面对未知的外部世界。如果这一防御机制奏效，就说明必然存在一种对真正创造历史的人类多样性的来源的恐惧——也就是某种千禧年思维。

一旦这种对未知未来的恐惧和抵抗主宰了生活，那我们所能接受的未来便只能以与过去相同的方式构建；个人与群体的生活状态也将被严格规定，不会有任何隐秘的惊喜。

在杰作《追寻千禧年》（*The Pursuit of the Millennium*）中，

诺曼·科恩（Norman Cohn）探寻了中世纪那些罕见的狂热信徒是如何在上述时间观的主宰下生活的。在书的末尾，他大胆地将纳粹德国等现代千禧年运动的源头追溯到这些过去的模式中。但我认为，科恩所研究的只是一些范例，这一现象在人类中甚至比他所想象的更加普遍存在。千禧年主义者以异乎寻常的方式展示了一种人类共有的恐惧，但我们如今依然能在那些看似"理性主义"的人们身上找到它的蛛丝马迹，比如青年医生和城市工程师，再比如马尔罗笔下无政府主义的反宗教领袖。

不过，这种恐惧的形式和概念化自我的手段，确实最容易从宗教中找到原型。我们迄今所描述的这一过程，可以被称作一种对纯洁的追寻。这种防御模式让人们渴望净化与他人相关联的自我，并试图确立一个连贯的、统一的、足以过滤社会经验中任何威胁的自我形象或身份。当然，对虔诚的宗教信徒来说，我们不能将他们的强烈的自我净化欲望"贬低"或简化为对未知的恐惧。但是，在社会层面，害怕因外部威胁而失去自我身份，确实常常对人们皈依宗教起到很大影响。例如，在描述原初清教团体的凝聚力来源时，迈克尔·沃尔泽（Michael Walzer）提到，社会变革带来的动荡和未知的未来使清教徒们产生了一种强烈的恐惧。他们不知道自己到底是谁，而这种恐惧反过来催生了清教徒在宗教活动中找到绝对身份的迫切渴望，他们需要彻底地、终极地向彼此确认，自己是真正的信徒。

在无政府主义者洪这类人身上，存在着这种对纯洁的追求更为现代的、宗教色彩更弱的表现方式，那就是渴望创造一个无比清晰、毫不含糊的自我形象，并逐渐对外部世界无动于衷。他们有意地使用一套详细描述来定义自我：信仰、能力、喜爱什么、讨厌什么；而个人的社会生活中一切与这个清晰明确的自我形象不相符的元素，都是不真实的、需要被净化的东西。我们几乎可以将此看作一种指标，人们有多么迫切地感到自己必须不断清晰陈述他们是谁、他们想要什么、他们觉得如何，就代表了他到底有多恐惧自己无法在与他人的社会交往中生存。

在宗教信仰更为浓厚的时代，那些追求纯洁的人似乎是周围人眼中的革命者。由于无法忍受俗世的弊病，清教徒，或者更早的那些千禧年主义者开始行动，将整个世界——或者至少是他们所能控制的那一部分——依照自己所描绘的图景重新打造。事实上，今天我们也常常听说某些年轻革命家的动力是对社会和自身的纯洁性的渴望。

但这种向他人及自身强调净化的身份的渴望背后，隐含着一种保守倾向。如此确立自我身份，会使人们坚持认为已知的才是真实的，而那些全新的、未知的东西，则会因为与现状不符而被排除在外。只有那些包含在个人所打造的自我与世界的清晰图景之中的事物，才会被当作现实接受。因此，显而易见地，那些能够带来变化的力量会在生活中被大大削弱，人们很难再发生情感、信仰以及欲望上的改变，因为我们评判新的事件或经历的方式，是衡量它们与已有样本的匹配程度。意外经历的出现本身不被当作现实；身份认同过程中的恐惧使人们无法感受到自己是自由的历史存在。就这样，尽管当下令人不安，但这种建立明确自我认同的激情能够保护已知的过去。所有历史转折、所有与预想的体验和个人的空间感知不相符的事件或经历，它们的"真实性"都会被贬低。出于那种恐惧，更令人感到轻松自在的对过去的描述，被当作了最终的参考标准。

青年革命家、年轻医生和规划师的做法，就这样被一股真正的保守力量联系了起来：随时间累积的经历遭到了净化，那些可能带来威胁或痛苦的不和谐因素被拒之门外，同已知相悖的经验则被认为没有与之相符的那些真实。通过这些方法，人们得以确保自我形象和个体在世界中的定位完好无损、清晰明确。

概括说来，我认为那种对纯洁的渴望，正是通过上述方式来支配不再受宗教实质问题困扰的人们的行为的。过去的几十年里，社会心理学界试图用"生命周期"或发展理论去解释类似的观点。社会心理学的先驱，如弗洛伊德，认为人的所有心理过程都发端于出生那刻；研究生理学问题的本能论学者则认为，在生命不断变化的重组过程中，是有机体与生俱来的固有本能在发挥作用。新兴的精神分析流派的视角与他们不同。以埃里克·埃里克森（Erik Erikson）为代表的社会心理学思想，以及在过去二十年中受其影响的存在主义心理疗法，尝试研究心灵资料，而不仅仅是心理问题，如何在人类的生命周期中产生，并设法探寻人类是如何创造心理的。这一波心理学思想的新浪潮驳斥了此前的观念，指出人类行为的动机不是由所谓"人性"或"先天驱力"等抽象概念赋予的。

我认为，迄今描述的那种对纯洁的特殊渴望，是人在生命的特定时刻**创造**出来的一种情感。当然，从婴儿到行将就木的老人，每个年龄段的人都会对未知事物感到恐惧。可是，人们应对恐惧所需的方式，和他们实际具备的处理恐惧的能力，在他们的生命历程中同样发生了**根本性**的改变。我认为，人们对纯净的自我与社会间关系的追寻，是一种对未知恐惧的特定反应模式造就的，而这种模式开创于青春期。为了理解这种现代的净化仪式，我们有必要了解在青春期后期，人们通过什么方式，发展出了那些应对混乱和痛苦威胁的策略。

净化身份的出现

如果我们信奉当代媒体的说辞，那么似乎是动乱中的年轻人更容易受这种僵化的身份认同的影响。然而，被媒体打上"学生领袖"标签的那些年轻人，事实上只是真实的学生动乱中的边缘人。这些报纸创造出来的"反叛学生"都是空想家，他们的政治观点不过是 20 世纪 30 年代那些原始套路的回归。确实有大量的年轻人对政府不满，但他们的反叛要显得勇敢许多。这主要是因为，根据我的经验，他们能够诚恳地承认自己正为不知道想要什么而困惑。或许是因为这些年轻人试图在不依赖老旧的、简易的指南的前提下，为自己构建一种体面的生活，出于对简洁性的要求，新闻报道必须忽略他们。但一些优秀的研究，比如杰克·纽菲尔德（Jack Newfield）与肯尼斯·肯尼斯顿（Kenneth Keniston）的作品，揭示了令读者震惊的事实，那就是只有极少数人受到媒体所谓的"新法西斯主义"影响，或者信奉进步劳动党的口号。相反，那些富裕的激进分子们愿意亲身试验，主动经历痛苦的困惑过程，甚至不顾这会否与他们的激进主张相悖。

不，这种显而易见的比较太过狭隘也太过简单了。之前提及的那些净化身份的极端例子，揭示出了更为平凡的青少年生活中的某些新生事物。青春期通常被认为是一段徘徊探索的时期：儿童性成熟，变为男人和女人；大多数年轻人离开了作为庇护所的家庭，获得了逐渐增强的能力，并日益期望能作为新的独立个体去行动。在青春期，人们的眼界大大扩展，因此，如果要说同样是在人生的这一阶段，人们生成了那些回避和防范未知的痛苦经历的手段，并引发了对纯洁和连贯性的渴望，看起来好像是无稽之谈。但除此之外，没有任何办法可以解释普通青少年行为中的某些谜题。

谜题之一，是为何有这么多的年轻人在刚进入大学时就执著于选定一份职业，却不给自己探索其他可能性的机会。一项研究估计，刚进入大学的学生中有大约五分之三在选定职业前对未来的事业没有任何体验或了解；而令人震惊的是，他们之中很少有人会打破最初的选择。在和那些如此坚定的学生交谈时，可以感受到他们中的许多人有一种强烈的渴望，他们想要依靠自己的力量有所作为；但有一些隐藏在内心深处的东西，一些无法用言语表达的东西，将他们锁在原地。在美国和英国的学校里，部分枷锁是教师创造的，他们使学生始终对自己四处漫游的能力充满恐惧，因为这些人认为职业的标准是稳定为上，即使枯燥，也比充满活力但混乱不堪的半吊子强。但是，很多年轻人在选择毕生工作时，会自愿地套上枷锁。许多人不愿意徘徊，他们想要在做之前就确定自己在做什么。

另一种净化模式出现在青少年性缘关系的古怪限制中。通过对中世纪爱情传说的研究，德尼·德·鲁热蒙（Denis de Rougement）指出，人们追寻"理想的男性或女性"，不过是为了避免去爱真实的人，因为"那一位"理想伴侣仅仅是理想自我的投射，而非某个拥有他或她真实人生的个体。然而，恰恰是这种在青春期性缘关系中生发的对理想伴侣的追寻，引起了自恋或同性恋的潜在倾向。正如埃里克·埃里克森所言，青少年在爱情中对男神女神的追寻，往往让他们拒绝接受性关系中的另一半是真实存在的人。而既然意识不到其存在，那两个相爱的人之间永无休止的、痛苦的再平衡便无需发生；青春期的完美爱情不会受到这样的侵扰。安娜·弗洛伊德（Anna Freud）观察到，在青春期，亲密关系中的冲突通过严格的选择过程得以避免；年轻人将那些令人痛苦的不和视作对方不是"那一位"的证据。

年轻人避免使用自己力量的第三个范例，与选择职业或伴侣不同等具体活动不同，更像是一种心理状态。但在我看来，这种心态是青少年对纯洁性的担忧的最显著特征。那就是年轻人试图为自己塑造一种无懈可击、不动声色的气场。一些针对青少年帮派内部生活的研究提及了这种态度，但受其影响的远不止那些野小子们。出于对"一切尽在掌握"的渴望，为了彻底确保没有任何力所不能及的事情存在，人们将他自己愿意探索或接受的经历隔离出来。例如，在学校里，哪怕只是为了搞明白什么事情，学生也很少在班上互相提问，他们宁愿诉诸权威。相反，对青少年集体生活的研究发现，他们会在各类活动中不断追求"职业化的"专业知识，以避免感到尴尬、困惑或惊讶。可是，一旦避免了被惊吓的危险，也就不再会有探索的过程或内在成长了。

是的，在上述每个领域中，都存在一种对个体自由的自愿限制，以避免未知的、可能具有威胁的经历在生活中出现——可这恰恰是成长的真谛。正是在选择职业、挑选爱人这样的普通事件，或是追求无懈可击的普遍态度中，青春期的自我限制行为体现出人们净化身份的渴求。在这些平平无奇的事件中能找到一种欲望，那就是人们希望建立连贯的、固定的生活秩序，使得个体超越那些痛苦的、混乱的、令人无法承受的经历。问题是，为什么成长中的年轻人会这么做？为什么对体验痛苦的恐惧会导致这种特殊的防御机制？我认为，这种防御机制的特征，来自青少年的成长过程特有的结构。

青春期的时间尺度

之前提到，当代那些研究人类发展模式的作者，比如海因兹·哈特曼（Heinz Hartmann）和埃里克·埃里克森，试图理解心灵资料是如何在生命历程中被创造的，而不是像从前的精神分析流派一样认为它们是逐渐显露的。尤其在埃里克森看来，人生阶段的构建不应当被视为随着时间推移，相同的心灵资料以不同的方式被重新加工的过程。相反，他设想了一系列生命危机，在这些危机中，随着个体的成熟，人会遇到新类型的现实问题，并日益卷入更广阔的社会领域，继而在生命的不同节点获得各不相同的特殊力量。

一般认为，青春期的成长与身体和性相关。尽管弗洛伊德有过研究，但即使是受过教育的人也很难将青春期视作童年就存在的性行为的延续和完善。青春期的独特性存在于另一层面。包括安娜·弗洛伊德和彼得·布洛斯（Peter Blos）在内的作者，如今同埃里克森和哈特曼一样，正试图了解那些在青春期以独特的方式发展的道德与价值创造能力。也恰恰是在价值创造和价值选择上，青春期后期的人们经历了一场重要的生命危机。

这就是"同一性危机"（identity crisis）（埃里克森首创了这个术语）。它成为了日常用语，作为观点普及的代价，也失去了其确切含义。那些不快乐的儿童并没有在经历同一性危机，那些想成为作家的中年广告经理人也不是。根据埃里克森的原始定义，同一性危机产生于年轻人意识到自己在生活中可以运用的社会资料，和他运用它们的能力或渴望之间存在冲突的时刻。发生在青春期后期的这种危机，是一种评估自我形象与自我以外的生活图景之间的关系的危机。因此，同一性危机关乎的不是简单的"我的性格究竟如何"的问题，它是人们成长过程中，第一次**有意识地**尝试为自我形象与身外世界图景之间的关系制定**规则**或**范例**。

通过制定规则来定义个体的自我感知与对周遭社会世界的感知的关系，青少年感受到一种新生的个体性。年轻人现在独立了，因为他终于可以参与在他童年时代表父母权威的那些活动：现在，道德规则由他自己制定，他来决定什么是"适当的行为标准"。他已经拥有了这么做的性能力和智力，唯一缺少的东西只有一件，那就是使用这些力量的经验。年轻人无法忍受父母过往的约束，迫切渴望看到并了解自己，仿佛一位拥有海量颜料与笔刷，却没有可供挥洒的画布的画家。他对自己拥有的力量和生活资料能派上什么用场一无所知。

因此，当年轻人必须将他的自我知觉同他对外部世界的知觉联系起来并做出判断时，他感到极大的焦虑——例如在他为选择职业作准备时。进入大学的年轻人在智力和身体上都准备充足，但选择自己毕生从事的职业，需要人们在各种情况下对自己的能力运用自如，并吸取这些经验以做出判断，而在这方面，年轻人们压根就没有准备。青春期是人类成长的阶段之一，换言之，在这个阶段，成长的时间尺度并不协调。性能力、智力和感知能力的增长速度，远远快于个人经验的积累速度。

一些研究儿童及青少年成长模式的作者认为，青春期成长尺度的不平衡，是从童年早期贯穿至今的不平衡状态到达顶峰的表现。他们将儿童在情感、身体和智力上能够做到的事情，和他们实际运用自己的能力所做的事情之间的差异，视为每一阶段成熟的标志。然而这是错误的。青春期的不平衡状态并不是此前情况的某种强度稍高的翻版。青少年能做的事情和儿童能做的事情在性质上具有根本的不同。在性方面，青少年发现自己的力量被纠缠在责任与忠诚的网络中，而他在儿童时期从未经历过这些。曾经作为庇护所的家庭，现在却能够被他摧毁。他能够体验的可能性与他从经验中吸取的教训存在着极端的不平衡，以至于在年轻人看来，这与他过去所熟知的那套似乎毫无关联。总而言之，对青少年敞开的、任凭他构建自由与约束边界的经历，与向儿童开放的那些具有本质不同。

　　这就是青春期的悖论和它导致的严重不安。可能性太多，但无事发生；要做终身决定，但无从下手。年轻人骤然面对这一选择，但贫乏的独立生活经验，不足以成为他们下定决心的凭据。

　　面对这种新状况和它导致的混乱与痛苦的无序感，年轻人的反应之一，是试图一劳永逸地、彻底地、完全地解释未来，以取得对大量涌现的新生活与新可能的控制权。这种试图提前解释经验、瓦解其时间尺度的冲动，被安娜·弗洛伊德称为青少年的理智化。它是一种对痛苦的防御机制，在实际体会那些经历之前，这种机制已经推定了我们能从中获得什么经验。正是这种对令人痛苦的混乱做出的独特且下意识的回应，催生出了那些在青春期被用以净化身份关系的方法。

　　这种通过正式隔绝个体与外界的关联来抵御痛苦的做法，源于那些在人生的某一特定成长阶段，**不可避免地**感到不堪重负的人们——比如青少年——运用自己新获得的能力的方式。在构想自身与周遭世界的联系规则时，年轻人会事先或凭空想象某一类经历的意义，这样就无需通过体验经历本身来理解它。他孤立地编造了意义。这种分类机制是同一性危机中的诅咒。因为当年轻人脑中的经验崩溃过于严重时，上述方法将会成为一种稳定的替代品，人们再也不会去未知条件下测试自己的新力量。一旦对经验意义的预设真的变成了稳定替代，那么年轻人事实上获得了一种强有力的武器，来避免自己与外界的任何接触；换言之，他学会了如何提前将那些可能预示着混乱与无序的经历同自己隔绝开来。

通过这种方式，青少年能够维持自我身份的纯净形象：它**是**连贯的、有序的、始终如一的，因为人们已经学会了如何将混乱和痛苦的干扰从有意识的思考中排除。如此一来，通过消灭历史经验的侵扰，通过拒绝让自我成为任何人们不想让它成为的样子，我们打造出的那个连贯的身份，就消除了青春期成长过程中不平衡的时间尺度导致的紧张。这会导致一种惊人的经验话语，其最为强烈的表达方式，体现在一类很少与青春期产生关联的社会进程中。

在某些社会剧变中，我们开始能够从新领导人身上，看到一种熟悉的、压抑的性格类型。他们一方面无比渴望建立更为人道的秩序，但另一方面，在对某种他们永远无法达成的生活状态冥顽不化、永无止境的追求中，他们又暴露出了可怕的非人性。理想之国超越痛苦的、永恒的繁荣昌盛，似乎推动着领导人做出与他们所拥护的人道、开放的具体改革方式相矛盾的行为。

新的革命领袖掌权后，过去的领导者会被施以严厉报复，并成为一切让新领导人感受到威胁的压倒性力量的象征。在法国恐怖统治时期，雅各宾派将吉伦特派塑造为旧政权的象征，哪怕他们曾是革命同志，只不过后者的主张更为温和。而在 20 世纪 30 年代斯大林的清洗运动中，20 世纪 20 年代文化革命的参与者被塑造为腐朽的资本主义精神的堕落代表（将这些真正有创造力的人物赶尽杀绝的却是一个艺术品位与 19 世纪法国资产阶级最为接近的人，这实在是个可怕的讽刺）。

为什么这种报复会通过对他们的革命敌人的符号化实现？我认为这是个关键问题，理解了它，我们就能够理解净化的强烈欲望，是如何使人在不成为当下社会的一部分的情况下应对它的。

与诗意符号不同，这些惩罚或复仇的象征，否定了它们所指代的人的"实在性"（factness）。通过将人或事物具象化，诗意符号能使人们联想到更为广阔的朦胧意象，但惩罚的象征摧毁了对事物或人的任何具体感知。在惩罚者心里，被选作过去错误的象征的人没有属于他自己的生命。运用象征修辞，信奉千禧年的领导者可以通过脱离现实地处置现实世界，来反击实际存在的伤害。这就是人们在罗伯斯庇尔等人的话语中感受到的抽象性。一旦变得具体，塑造了千禧年主义领导者的那种渴望就会陷入危机。

通过某种特殊的隐喻，领导人能够消灭现实；我们可以从中了解那些更为平凡的人们对净化体验的渴望将会导致什么后果。在普通人的生活中，青春期出现的对纯净的渴望，同样会导致一种消除新的人或经历的"实在性"的话语。其最初级、最本真的体现，是青少年的**黑话**（patois），也就是如今那种白人嬉皮士和黑人的俚语的浑浊混合物：如果四十样不同的东西都能被叫做

"一桩美事"（a groove），它们各自还有什么特点？但相同的过程也在意义的更深层隐喻中起效：青少年会构建一个理想的男孩或女孩，继而将自己遇到的每个单独的男孩女孩，与自己已经决定当作理想型的那个参照物进行比较。这是在抵抗他们遇到的真实的人物的独特性——也就是他们的真实性。

同样，如果我们追踪那些革命行为中的蛛丝马迹，就会发现布洛斯和埃里克森等作者注意到的青少年对自我同一性的迷恋其实不足为奇。因为通过将人的力量转化为理想的一体，那些纯洁的敌人，也就是在日常世界的交往中那些杂乱无章的、令人困惑的经历，便可以因不够重要而被摒弃；于是年轻人便可以像马尔罗笔下的洪一样将自己想象得无比强大，因为他决不允许自己遭到质疑。

在过去，心理学家和精神医生常常将情绪健康视作与情绪"疾病"截然相反的力量，而后者被认为本质上是人类的一种弱点。当代专家们开始意识到，大量情绪"疾病"可能恰恰是人类力量的产物，是力量在生活中被滥用的结果，而不是它们的缺席或减弱导致的。

上文描述的青春期的结构就是这样一种力量，它使年轻人获得了用来回应他不平衡的成长尺度的工具。与其被动地受折磨，年轻人创造出了一种合理化的方法，在陌生环境中作为一个独立存在行动。我**不**是要说这种力量天然就是坏的或"不健康的"，而是说如果它固留于人们的生活中、从未受到质疑，并成为一种永久模式，那将会是极度危险的。倘若在这种身份塑造的最初模式之上没有出现任何进展，就会造就一个可怕的悖论。人们会放弃尝试任何个人实验，因为他们确信自己已经知道对生活所做的任何试验将会导致什么结果。因为让一切井井有条就意味着想象一切事物都能凭借个人意志轻易地知晓并理解，于是安全性和规律性被奉为了神圣的原则。人们为此有意营造了一种错觉，即年轻人，或者年轻时受过伤的更年长的人们，似乎已经以某种方式检验了所有向他们敞开的可能性。就这样，净化背后的力量，也就是恐惧的力量，使年轻人囿于安全、束手束脚地步入成年，并生活在一种自致的幻觉中，认为自己对所有他从未经历过的事情的结果都有所了解。

被视为疾病的对纯洁的渴望

当那种对纯洁的渴望在生活中彻底稳固下来并成为主导时，心理学家便倾向于将促成它的力量视为一种情绪疾病。这些力量会影响人们因对某事内疚而自我惩罚的方式。在试图认清一段让自己产生负罪感的痛苦经历时，为了不被迫承认它真实发生过，为了不被迫体会到它的刺痛，人们常常试图通过对个人的失败或罪恶做一个宽泛比喻来逃避现实。因为，说"我是一个罪人"，把它当作一个超然的命题，要远比说"我在某时某地伤害了某人"更轻而易举。从自我净化的动力中会产生出一种人们难以承受、但实际却令人宽慰的负罪感，它会摧毁一个人应对具体世界的能力。这是一种病态的状况，它为行为提供了辩护，使人们可以在面临日常环境和问题时保持被动，在面对他的行为对别人造成的影响时同样如此。无论他造成了什么罪恶，他都能心安理得地接受，因为他自诩为一个糟糕的罪人。

不过，之前我们还没有讨论过青春期时对净化经验的渴望是如何表现为一种团体现象的。从青少年选择职业、性关系认同和自诩不受感情影响等方面中，可以看出这一构建连贯身份认同的过程具有社会性。但是，一个建立在这种青春期的净化欲望上的共同结构意味着更多东西：当这种净化欲望达到目的，并成功在许多人的生活中占据主导地位时，这些人只会自然而然地以自己的形象去塑造社会。因此，社会结构将会以特定方式被组织起来，这种对令人痛苦的无序的逃避行为会在其中得到支持，并被奉为圭臬。

为了免受风险，人们推定经验的意义，而不是积极体验它们；这样的青春期发展模式并没有那么特殊，它的后果也并非只在越轨者身上有所体现。相反，正如我将要展示的那样，人类成长周期中的这种扭曲力量，在当今那些富裕社区组织镇压行动的方式中，得到了最强的释放。这恰恰是因为，现代富裕城市社区的社会结构不仅延长了青春期的回避模式，而且随后以同样的方式冻结了成年人的生活，人们不断被引导着去想象形形色色的他们害怕体验的经历的意义。"病态"之处在于，在富裕社区生活中，人们将对连贯性的渴望视为法则，并因此找到了强加给自己一种自愿的奴役的手段。这种奴役正是他们更为敏感的子代如今想要逃离的，也正是这种自愿选择的狭隘性，促使年轻人去寻找一种全新的社区生活。

第二章

纯净社区的迷思

马克斯·韦伯的著作《新教伦理与资本主义精神》让"新教伦理"这个说法家喻户晓。在过去的五十年里，韦伯的作品遭受了一轮又一轮的攻击，部分原因在于，人们认为韦伯的"新教伦理"是在说一种宗教哲学，它通过某些方式导致或推动了资本主义精神的形成。但事实上，韦伯的意思更简单且更微妙。

在某些 17 世纪新教领袖的信仰动机中，韦伯看到了一种愿望，那就是这些宗教领袖希望从人们世俗的、日常的行为中找到宗教美德的迹象，即使新教徒们相信人在日常生活中对神或自己灵魂的状态一无所知。韦伯发现，对当时的人们来说，这种矛盾并不只是抽象概念。一方面，与他们的天主教弟兄们不同，新教徒抹去了仪式，因此神不会对他们说话并宽恕他们的罪孽。新教的上帝是不可捉摸的。另一方面，同样与天主教徒不同，新教徒希望在日常生活中看到自己美德的不可动摇的证据，以确知在自己死后会降临的究竟是什么。这一矛盾让世俗行为成为了美德的标志，它们变得无比重要，并不断地被审视或分析；但是，与此同时，它们又是如此空洞，因为人永不知晓上帝想要他们怎么做。

马克斯·韦伯的伟大洞见是，他看出这种宗教情形中有一种焦虑的表现，这种焦虑会导致人们的克己行为和自我压抑，因为他们担心自己违犯神的准则，而那些准则是不可能被理解的。韦伯注意到，在后来的历史中，那些成为了资本家的人们也表现出了同样的焦虑，且表现方式与新教徒——尤其是其中的清教徒——极其类似。韦伯推断，这些在18至19世纪新出现的资本家，或许会因此面临与清教徒早先遭遇的相同的矛盾问题。他们身在一个毫无意义的世界，追求的事物——也就是挣钱——本身一文不值，但这些追求与此同时又具有无上的价值，因为它是投身其中的人们美德的证明。当人们仔细审视彼此的行为时，清教徒的两难困境反复出现，他们寻找美德的蛛丝马迹，而这种美德的本质并不能通过世俗行为显示。

这种禁欲主义，这种为找寻不可知的美德的迹象，而对他人和自己的行为进行的"世俗观察"，正是那种对纯洁的渴望在清教徒与资本家群体中的共同表征。

在上述两例中，自我压抑的伦理都创造了社区生活。在清教徒时期，人们互相观察以寻找教义所言的美德或邪恶的迹象；而在后来的时代，人们互相观察以寻找那些节俭和克己的品质的标志，这些美德最终会带来财富，而财富，反过来又成为了无人能准确描述的某种美德的象征。

韦伯寻找的是这场特定的宗教运动与随后的经济变迁如此相似的原因。两者都来自焦虑，且都导致了克己行为和对不道德做法的集体压制。韦伯的指向很明确：他试图证明，在一个已然悬置了宗教的时代，某种对自我纯洁的追求是如何作为一种社会价值继续存在的。

但他对这个现象的研究到此为止。清教徒的伦理，以及被他称作世俗禁欲主义的那幅图景，在韦伯的描述中止步于 18 世纪的公共生活。但是，创造出那种伦理的原料——恐惧、矛盾的价值系统以及被视为个人回应天然失控局面的方式的自我压抑——这些问题在人性中根深蒂固，根本不会如此轻易地消失。

新的清教徒伦理

上一章说明了青春期的成长过程中产生的矛盾如何导致了一种特有的恐惧。这种恐惧反过来导致了一种自我否定的模式，以及在身份构造中对风险的规避。这一过程会影响普通青少年，甚至极有可能让部分青少年或成人建立起用以净化恐惧或未知体验的永久方法。我们自然会问，这种青春期的心理过程，和韦伯过去在清教徒和早期资本家之中发现的崇尚克己的文化"伦理"有什么关联。我认为答案是，这种青春期进程在当代创造出了一种纯净的社区伦理，且它与世俗禁欲主义过去创造出的那些迥然不同。

　　我不太想将此称为同一种青春期危机的不同历史用途，因为个体的心理本身就是历史的造物，而非给定且一成不变的。相反，我认为自韦伯时代发展而来的关于克己精神的心理学观点，为我们提供了理解社区生活中新的"清教徒伦理"的工具。要理解这种新的清教伦理（也就是在公共事物中追求纯净的新渴望）到底是什么，首先要对社区这一概念本身有所了解。

　　"社区"（community）是一个具有误导性的社会用语。比如，人们会说"利益团体"——从事相同劳动或互相依赖以挣钱谋生的一群人。同样也有"情感社区"，比如教堂或民族团体，其中的成员们能感受到与彼此的情感纽带。但即使是在日常用语里，我们也绝不会将社区的概念与社会群体（social group）的概念互换：社区是一类特殊的社会群体，成员们相信他们在**共同分享**一些东西。这种社区归属感情同手足，其中包含的不仅仅是人们对彼此在物质上的需要。社区纽带是一种共同身份的纽带，一种辨别出"我们"和"我们是谁"的愉悦感。

　　这种团结感中包含的感情是复杂的，社会研究者们对此所知甚少。20世纪初，德国社会思想家斐迪南·滕尼斯（Ferdinand Tonnies）试图描述社区生活（community life）与群体生活（group life）的区别。他指出，在社区生活中，人们作为完整的人类感受到与彼此的情感纽带；而在群体生活中，人们的情感是中立的，纽带来自他们共同完成的专门工作。受滕尼斯影响的一代人，倾向于将社区与群体视作社会经验的两极。第一次世界大战后的几十年里，芝加哥大学的社会学蓬勃发展，罗伯特·帕克（Robert Park）、路易斯·沃思（Louis Wirth）及罗伯特·雷德菲尔德（Robert Redfield）等作者，开始将二者之间的差异投射到乡村与城市的差异上。他们表示，在乡村生活中，人能在人类活动的各个方面感受到自己属于彼此、共同分享；而在城市中，人们通过共同完成功能性任务而感受到自己是彼此生活的一部分，但这些任务本身是高度专门化的，人们的联结感也因此被切分为无数碎片。在城市中，人们之间复杂的情感交往，只会妨碍他们完成专门化的任务。

这种两极分化的观点——乡村社区对城市集体——的问题在于，它过于简洁、逻辑性太强且过分简单，以至于无法解释社区团结的多样性。因为现代的研究者们发现，尤其是在富裕的城市和郊区，人们为自己构建出了一套彼此共享的、凝聚情感的信仰，即使它与他们的实际生活经历毫不相干。这套信仰的内核就是新的清教徒伦理。

第二次世界大战后的几年里，大卫·理斯曼（David Riesman）和莫里斯·斯坦因（Maurice Stein）等社会研究者逐渐相信，社区中对共同身份的那种感知，那种将一群人牢牢捆在一起的情感投射，可以在他们拥有任何共同经历之前就产生。理斯曼将这一惊人的观点向前继续推进，指出展现社区生活的共同特征的需要，往往与人们彼此交往的实际方式相冲突。他发现，人们会在完全不同的另一个层面制定"我们是谁"的形象，并将其作为一种集体人格，尽管它实际超越了人们所共享的特征。

十年前，亚瑟·维迪奇（Arthur Vidich）和约瑟夫·本斯曼（Joseph Bensman）住在纽约州的一个小镇上开展研究，对这个社区做出了引人注目的描绘。他们发现，社区中的居民过着分裂的生活，一些人在镇上营生，另一些人则在附近的大城市里。只有少数人参与镇上的社区事务和决策；阶级、种族背景和年龄等社会力量，在切断社区中不同人群的联系上起到了决定性的作用。然而，这个小镇的居民强烈地，几乎是不惜一切地相信他们是一个团结的群体，镇上社区里的所有成员之间都保持着温情的、持续的联系。这些人的实际联系主要是在讨论镇上居民的地位和不同命运，但他们相信自己与彼此的交往远比这些更广泛、更重要，且一旦研究人员对他们的凝聚程度表示质疑，就会充满敌意地回击。这种团结的感觉，使其成为波兰社会学家弗洛里安·兹纳涅茨基（Florian Znaniecki）所说的一个由意志行动（an act of will）而非经验行动（acts of experience）巩固的社区。

这种与集体经验相反的社区团结给我留下过深刻印象。当时，我正在对一系列事件展开调查，它们最终导致一个兴旺的黑人家庭被驱逐出中西部某城市的富裕郊区。那个郊区的离婚率是全国平均水平的四倍，青少年犯罪率逐渐逼近它所在的城市中最糟糕的地区，人们因情绪崩溃而住院的事件频繁发生。然而，在那个黑人家庭搬来的三天内，社区的居民们齐心协力、大显身手，将之赶走。这么做的理由之一是，居民们声称"我们是一个由稳定的家庭组成的社区"，所以"我们不欢迎那类没法保持家庭完整的人"。"这是一个愉快的、令人放松的地方，"一位居民说，"社区的特征必须保持一致。"这起事件的重要性不仅仅在于郊区居民们撒谎了，而在于为什么他们要以这种特定的方式撒谎。

一些作者认为，"不安全感"是这种对社区、对"我们"的形象的需求的根源。比如，塔尔科特·帕森斯（Talcott Parsons）沿着上述线索，对纳粹德国定义"雅利安人"特性的需要做了出色的研究。这些作者表示，在社会变革更迭之际，这种定义共同的"我们"的渴望会日益增强，使人们能够为自己打造一座抵御混乱的堡垒。

但是，如果以这种视角来看待问题，又会引出我们已经在个人成长中讨论过的内容：对身份的净化可能是在生活中形成的，它被当作一种手段，用以逃避可能存在的威胁性的、混乱、痛苦的经历。那么，这种靠意志行动维持的社区，这种连贯的"我们"的身份认同，和青少年生成的用来获得纯净"自我"、抗拒新体验的手段，是否存在某种关联？

我认为这种联系是存在的，而且它与韦伯在清教徒社区中观察到的不同。因为在这里，努力维护社区形象是为了避免彼此往来，而在清教徒或早期企业家那里，纯洁形象的建立是为了让人彼此靠得更近，并为新的社会行动类型正名。韦伯在清教徒世界中看到的禁欲主义的萌芽，和随之而来的持续的相互问询与检查，以及后一个世纪的世俗禁欲主义，和人们为了发现那些带来财富的美德中恩典的迹象而进行的彼此审视——所有这些行为，用兹纳涅茨基的话来说，都使那些试图净化自我的人们组成了经验的社区。但维迪奇和本斯曼发现的那种压制机制是一种让人们不必互动并理解真实的彼此的迷思。清教徒或奋斗的企业家的社区生活不会排除冲突；事实上，人们往往为了达成良性目的而鼓励它们。但是，纽约州北部小镇和那个将"坏的"黑人家庭驱逐出去的郊区恐惧冲突，因为冲突涉及敌友双方的对峙，而那是一个不可控的、因此具有威胁的社会事件。通过一种意志行动——换句话说就是一种谎言——社区团结的迷思为这些现代人提供了畏首畏尾、躲避彼此的机会。

理斯曼、维迪奇和斯坦因发现的这种社区认同的幻想，也存在着很大的经济差异。它们往往出现在相对富裕的社区中。我们应该看到，富裕为社区提供了以这种特殊方式定义自己的新手段。同样地，它也使这一社区生活的问题，成为成功存续的后革命社会所面临的与西方共通的困境之一。因为，尤其是在富裕社区中，为了避免痛苦，人们必然会运用青春期时发展起来的那些力量，去建立这种特殊的、无需经历便能产生的团结感。

纯净社区的迷思是如何形成的

理斯曼和兹纳涅茨基所描述的那种共同身份的感受是一种对经验的伪造。人们谈论他们对彼此的了解，以及那些将他们联系起来的共同纽带，但这并非他们实际关系的真正样貌。但对集体来说，他们所构建的共同形象是一个有用的假象——一个迷思——它的用途是为社区构造出一个连贯的、总体的形象：人们用一套明确的欲望、厌恶和目标勾勒出他们是谁，并借此将所有人结合成一个整体。社区的形象得到了净化，人们从"我们"是谁的描述中剔除了所有可能传递出差异感的事物，更不用说那些冲突。社区团结的迷思就这样成为了净化的仪式。

在创造统一的社区认同幻象的过程中，经验的框架崩溃了，社会生活中的所有混乱经历也被简缩。为了建立连贯的共同身份，人们会回避社会接触与体验，而这种行为方式恰恰体现出青春期在社区进程中的印记。

如前所述，在青春期这一人生阶段，个体终于获得了他作为人类的全部能力，却完全没有成人那样的经验来指导他如何使用它们。在伦理和社会选择方面，这种成长的时间尺度的不平衡表现得尤为严重。年轻人有能力获得自由，他们可以选择未来的职业，在家庭和学校的边界之外探索自我，或是享受充分的、多样的性爱关系，但他们从未在自己过往的人生中体悟过如此的自由。而在我的理解中，这就是埃里克森等人所说的同一性危机背后隐藏的症结。确实，有一些青少年能够控制自己，先让各种各样的痛苦、迷惑和矛盾的全新经历进入他们的生活，随后再采取积极行动确认自我身份。然而，大部分年轻人无法忍受这种模糊性，在尚未经历那些事件之前，他们就会运用新的力量去刻意为自己建立意义和价值关系。由此，经验框架受到了预先控制，所有难以预料的、带来痛苦的新体验都被排斥在外；这些经历被视为不真实的，对年轻人所感知到的现实的影响也受到抑制。因为年轻人如今能够有意为自己清晰构建一套连贯的秩序体系，而它们无法融入其中。

社区团结感的体现方式与之相同——在尚未建立实际社会关系时就提前将"我们"描绘成连贯的存在——这将它同在青春期习得的回避模式联系了起来。人类在处理他成长中遭遇的危机时会使用某些回避手段，它们随后转化成了他作为一个社会存在理解自我的办法。而青春期习得的技能的这种转化，就是纯净社区的迷思产生的原因。

深陷对净化身份的渴望的青少年误以为，他们选择了一种连贯且可靠的日常生活，其中包含一切能带来安全感的知识和经验。而从个人生活中学会了这种技巧的人们，没道理不在成年后与别人共享它。只要社区成员公认他们已经知道了这些经历的意

义，并从中共同吸取了教训，那么整个社区的痛苦体验，那些
充满可能的惊喜和挑战的未知社会状况，便可以由此被回避。例
如，在那个驱逐了富裕黑人家庭的郊区，白人居民创造的那个迷
思，即他们是一个自发形成的家庭稳定、紧密团结的群体，就使
得他们提前避免了痛苦，而无需与黑人家庭具体、直接地打交
道。在对家庭稳定性的幻想中，白人们感受到自己是一个整体，
因此能够驱逐那些被认为与众不同的人。

在学生小群体中，不言而喻地，最让人感到不安和挑战的
是感知到自己是周围人中的"他者"（otherness）。察觉到自己与
外界的不同，似乎远比找到两者的相似点更难忍受。这种对"他
者"的恐惧，也就是对个人所不了解的事物的恐惧，恰恰与人们
对自己和他们在青春期成熟的那些力量的恐惧一脉相承。人们将
这种制造迷思的力量从青春期带入成年后的社区生活中，以减弱
他们对"他者"有意识的感知。

一个社区不仅仅是一个社会群体，也不是生活在同个地方的
互不相关的个体的集合。在社区这个集体中，人们属于彼此，并
具有某些共同点。这种传说般的社区共享的独特之处在于，人们
之所以觉得自己属于彼此并一起分享，是因为他们是一样的。在
与浓烈的爱情中的分享与归属感的对比中，最能体现出这种情感
的狭隘性。正如德尼·德·鲁热蒙极具洞见的观点所言，深沉的
亲密关系中产生的分享源于对独特性的爱意、对另一半特殊性的

爱意，而非来自将彼此融合为同质的存在的过程。但在对连贯的社区形象的净化过程中，普遍存在的不是爱意，而是对"他者"的恐惧。这种恐惧培育出对经验的伪造。"我们"的感觉表达出了一种对相似性的渴望，这是人们避免深入了解彼此的方式；他们转而想象自己对彼此无所不知，而这种观点让他们相信，自己必须与彼此一模一样。

由此，这种"我们"的感觉可以在那些外人看来迥然不同的个体之间产生，尽管事实上他们几乎没有共同点，对彼此来说也无关紧要。斯坦因、理斯曼和兹纳涅茨基所描述的正是这种伪造的社区意识。我相信这种伪造并不是源自当地或者美国的某些特殊情况，相反，它源自人们在成长过程的某一阶段所学会的方法。这种方法让人们知道如何对自己撒谎以规避新的经历，因为它们可能会迫使自己感知身边的意外、新事物以及"他者"，而这让人感到痛苦。在这一特定的学习过程中，对彼此的"归属感"变成了一种共同的感受，那就是作为一个社会存在，我们认为自己应该变得相似，以避免受到伤害。

但是，通过团结的迷思来消除对"他者"的恐惧的做法，会影响作为实体的社区在时间进程中运作的方式。

这种迷思的社会结构

社区生活中的团结迷思展示出一个比社会整合更为复杂的人

类问题。通常，在讨论人们为何会遵守大众价值观与风俗时，最差的假设是，他们是受客观系统操纵的被动生物，因此顺从并不会带来乐趣，对规范的服从也是无意识的。这实在是把起作用的人类冲动描绘得过于美好了。

如果认为对社区一致性的渴望是日常生活中发展起来的力量的运用导致的，而不是"体制"或"大众文化"这类抽象造物的结果，那不可避免的事实是，渴望此种连贯性的人们是在**积极**寻求自我奴役和自我压抑。当然，如此直白地陈述这一问题会让人们觉得受到侮辱，但正是他们的行为、他们的冲动，创造出了这种社区形式。社会图景不是凭空出现的，它们是由人类创造的；因为人们在个人生活的某个发展阶段习得了那些规避痛苦的手段，而这些手段，又在随后压抑的、连贯的社区迷思中被共同分享。

一个半世纪前，法国作家阿历克西·德·托克维尔（Alexis de Tocqueville）来到美国，他被这个压抑的迷思对美国社区生活的强大影响力震撼。他观察到的那些美国人需要互相确认他们是一样的——也就是他们**条件平等**。托克维尔认为，他们感到这种需要，是因为他们对自己为人的尊严感到不安；而团结起来、通过共同形象向彼此确认自己的一致性和连贯性，这些行为能够抵御他们对尊严受到威胁的担忧。迄今为止探讨的所有问题，用托克维尔的话说，都是人们通过平等的形象来伪造尊严感的方式。在青春期产生、随后在社会生活中具体化的那种手段，甚至能够让人在规避学习的实质后，依然确信自己对人生的学习过程已然发生。这样做的结果就是，正如托克维尔所说，人们在为自己打造的相同的、条件平等的图景中，体会到了尊严感。

这种通过社区团结实现的尊严的迷思有三个明显的社会后果。

首先是社区生活实际参与的缺失，各个群体之间对抗和探索的情景不再出现。托克维尔认为，这是因为社区中的个体确信，无论由谁统治，那个人都与自己非常相似，故而社区总是在良好控制之中。如果人人有尊严，并且人人都具有相同特征，那么所有人就都是有尊严且值得信赖的。托克维尔说，人们由此能够回归他们真正关心的问题，也就是日常生活中那些琐碎的、例行的、孤立的乐趣。名义上的团结和实质上的隔绝，在他看来，分别是因和果。

但我认为，本文中提到的心理学观点从另一角度解释了这个问题。人们避免实际参与其中的渴望才是构建连贯社区形象的真正根源。之所以会在没有共同经历的情况下感到共同纽带，首先是因为人们害怕参与，他们害怕它的危险和挑战，以及投身其中会带来的痛苦。因此，一如托克维尔所认为的那样，在这些条件下，退出参与不仅仅是一种可能的选择，而是一种驱动力量；正是这种力量催生出了人们想要在社会层面感到相似的强烈渴望，并让他们分享一种共同身份的迷思。

因此，在那个富裕的郊区，居民们突然面临了不得不处理现实情况的可能性——他们中间会首次出现一个兴旺的黑人家庭。本地居民所表现出来的种族偏见与他们对黑人的感情几乎没有关系，那是他们生活中的产物，是为了掩饰他们对必须成为社会存在、必须为了应付彼此而打交道的恐惧而出现的。为了抵御这种社会参与以及它带来的一切痛苦，他们不得不在描述自己的身份和连贯统一的社区形象时编造谎言。相应地，作为"他者"的黑人也是个谎言。

这一事件体现出连贯的社区感受的第二个后果：对边缘人的压制。托克维尔同样发现，如果人们需要通过集体一致性来反复确认自己的共同尊严，那么对边缘人的残酷镇压是不可或缺的。那些"社会诗人"，那些挑战常规的人，必须保持沉默，才能维系这样的一致性。但是，当"我们"的感觉被理解为生命周期中产生的迷思时，社区采取的镇压就不仅仅是达到目的的手段；事实上，它与多数群体——"我们"——实施自我镇压的过程完全相同。把这个黑人家庭驱逐出去并不是为了让我们的社区变得更好，尽管我们是这么告诉自己的。归根结底，是黑色还是蓝色、棕色或者绿色都无妨，我们害怕的是"他者"会对自己产生影响，而我们自己会随之在对"他者"的探索中受到伤害。

因此，对共同身份的表达和对边缘人的镇压，是人们对他们内在力量的恐惧的两个侧面。允许一种偏离常规的自由，就意味着要在社会接触中关注未知的、他者的事物。社区的迷思是自我毁灭式的，因为它运用人们成年之际诞生的一种力量去压制人类的其他力量，比如好奇心和探索欲。

"压制"一词成为当今知识界泛化的流行口号，这种趋势与"共产主义者"曾经在反智主义者中的流行相似。正如凯·埃里克森（Kai Erikson）指出的那样，对边缘人的全面镇压将会剥夺社会自我定义的手段；如果"我们"想要存在，就必须为"他们"留有空间。但是，共同的"我们"的迷思确实是一种压制行为，这不仅因为它将外来者或边缘人排除在特定社区之外，更是因为它对那些入选者，那些被包括在内的人们有所要求。入选者们必须放弃复杂或相互冲突的忠诚感情，并且他们想要这么做，他们想要成为彼此的奴隶，以防止体内的力量使自己探索至舒适界限之外。

对连贯的、共享的社区生活图景的渴望的第三个后果，在于它与暴力的关系。

在我看来，社区团结的迷思会使人们与其他社区或外来者的纷争急剧激化，将其升级至难以避免暴力冲突的程度。本质上，那些凭借人们之间的相似性产生联结感的社区是极化的。一旦社区内部或外部出现了无法通过科层化管理的常规程序解决的事件，这一迷思的全部结构似乎都会因这个难以消化的棘手问题而摇摇欲坠。这是因为社区秩序的基础是社区的一致性；不符合这一模式的问题挑战了因相似而团结的感觉。而在这种情况下，每个人的尊严都受到了威胁，于是人们无法忽视它。他们感到社区的存续岌岌可危，并且从某种意义上说，他们是对的。社区中的个体获得连贯自我感知的方式，恰恰是在身份认同的形成过程中避免痛苦经历、无序的对抗以及试验。他们对自己生活中的无序几乎没有容忍度，而由于早已将自己封闭了起来，他们也同样几乎没有体验过混乱。因此，在社会冲突爆发的紧张局面下，动用侵犯、暴力和报复行动等终极手段，在他们看来不仅是正当的，甚至是性命攸关的。这是个可怕的悖论，因为在这些社区中，将纷争升级为暴力，逐渐成为了人们维护"法律与秩序"的方式。

就这样，一些社区通过警察机关等工具，对他们遭受的挑衅作出了完全超出必要范畴的反应。我不想在此花过多笔墨描写那些公认案例——民主党全国代表大会期间的芝加哥、1968 年墨西哥学生起义……我想分析的是那些不易察觉的过程，比如美国大部分郊区在 1964 至 1968 年一系列暴乱之后的反应。与大多数骚乱的爆发不同，这些暴乱并未冲出黑人聚居区的边界，从未出现大规模枪击或暴徒冲击政府中心的事件，相反，他们专注于夺取小额财产、食物或者酒类。正如一位北越革命家所言，比起动乱，这更像是那些再也无法忍受下去的人们在末日来临之际绝望的自毁行为。但是，白人郊区对此的反应是"我们"正受到威胁，黑人们正在涌出贫民窟，一场真正的内战和人身攻击迫在眉睫。郊区的枪支销量急剧上升，老妇人们开始学习如何开枪杀人，自由主义者突然理解了分离主义运动的"逻辑"，警察在城市中蜂拥而出，进行了一波暴力的报复行动和毫无顾虑的破坏。这些内乱的迷惑之处在于，那种"我们"正受到致命威胁的感受是如此来势汹汹，但却极端脱离实际，与真实发生的自我毁灭悲剧极不相称。当人们框定了他们的共同生活，使得感到与彼此一致成为他们唯一能感受到的相互联系，那么这种反应就是不可避免的，即人们为了应对混乱，不得不将其升级为你死我活的斗争。恰恰因为人们对自己生活中的模糊与纷争感到不安且无法忍受，所以他们不知道要如何在社会情境中处理令人痛苦的无序，反而会将其激化至生死搏斗的程度。

最后，上述每一个对社区一致性的强烈渴望带来的后果，都会被社区丰裕的经济环境强化。

丰裕对这种迷思的影响

在社会话语中，城市庞大且拥挤的混乱景象被一再提起。它的极大魅力和恐怖之处，均来自城市边界内的多样性。以纽约时尚区（garment district）为例，它首先涌入一片办公区域，后者又延伸到一片社会机构工作区，继而渗透到一片雅致的联排别墅中，随后再拓展至第十四大道周边的大型购物区。任何人穿过这片多样的中下城区时，都会在如此丰富的生活形态中体会到勃勃生机。这种多样性是在纽约的历史中创造的，因为没有哪一片区域拥有足够的力量将自己限制在社区的边界中。它们并未富有且集中化到可以隔绝彼此、独善其身的地步，因此不可避免地会被其他区域闯入。

正如简·雅各布斯（Jane Jacobs）观察到的那样，这种多元的劳动与生活方式的互相渗透曾是美国大城市地区的典型特征，但它如今正在逐渐消亡。我认为，这是丰裕在自觉团结的社区的形成过程中所发挥的作用导致的。

社区中的物质丰裕提供了强化连贯的社区生活迷思的力量。它通过两种方式起效。第一种方式是显而易见的，也就是一个拥有充足货币资金的社区能够实质性地控制它的边界和内部构成。城市中的老旧街区之所以成分复杂，正是因为没有任何群体有充足的经济来源可以隔开自己。栖身于褐砂石房屋的人们没钱住独门独户，于是无法使居所不受家庭成员以外的人影响；相应地，居民生活也无法与商业隔绝，尽管人们想要远离城市建筑一层嘈杂的酒吧和商铺。人们根本没有可供搬迁的资源。至少在历史上，城市的经济稀缺使社区事务中的连贯性迷思不可能存在，人们没钱实现自己的欲望。

如今，随着城市人口中的大多数积累了适度的财富，这些对连贯性、结构性排斥和内在一致性的渴望，便可以得到满足。完整的城市区域能够按照阶级、种族和民族进行地理上的划分，购物和娱乐等"不雅观的"活动从家庭生活中被隐去，通过对人类活动粗暴的简化，社区认同得以实现。

但是，丰裕在塑造对共同身份的渴望中起到的作用更为隐秘，或许也更为危险。因为在贫穷的社区，或者在物质匮乏的时期，个体以及家庭之间的分享是生存的**必需**要素。游客们经常谈起，在美国城市中的黑人聚居区，吸尘器等稀缺的家电，甚至食物这类必需品，常常是彼此共享的。然而，在历史上，相同的社区共享形式是许多不同的城市社区的特征，它将人们凝聚起来，并使得彼此之间直接的社会接触成为必需。可以共享的服务、技艺和私人物品，成为了具体的社区活动的重心。

丰裕的特征让这种分享的需求消失了。家家户户有了自己的吸尘器，自己的一套煮锅和平底锅，自己的交通工具、供水、供暖等等。于是，社会交往的必要性，也就是分享的必要性，不再是丰裕社区的驱动力了；人们缩回了他们自给自足的家中。这意味着社区的感觉，那种以某些方式彼此联系的感受，被从在过去提供共同经历的领域切除了。**必须**共享的东西越来越少，于是个人能够用来试探彼此性格的经验也越来越少。在构建社区纽带的过程中，人们倾向于设想他们是如何的相同，因为这比想象他们在彼此关系中的实际行为容易得多。

换言之，丰裕增强了社区交往中制造孤立的力量，与此同时，它也开创了一条新的道路，使人们能够更容易地通过相似性而非对彼此的需要，来想象他们之间的社会关联。

　　这就是社区团结的迷思的各种侧面。由于青春期的经历，这在人们的生活中有可能，甚至几乎必然会出现。但这一迷思不仅是一种逻辑层面的心灵成长的社会可能性。它是现代社会生活中真实存在的力量，并且与 20 世纪的城市发展有着特殊关系。掩藏在过去七十年间城市中不断演变的社区模式之后，这个迷思逐渐地、隐秘地占据了主导地位。

第三章

城市如何使迷思成为现实

　　人们谈起"城市危机"或"城市革命"时的口吻，就好像城市是突然出现并成为社会生活的重要焦点的。然而，真正发生在城市生活中的革命与这一流行概念正相反。就算必须要用"危机"这个陈腐的词语，它出现的原因也并不是城市的发展，而是目前的城市生活中有些东西正在消亡。并且，在那些存在于七十年或一百年前城市生活中的要素消亡的过程中，一个纯净社区的迷思已经成型，并使城市变得呆板。

　　知识分子容易将过去浪漫化，于是当人们谈到有什么随着历史消亡了，言下之意便是消逝的过去更美好。这是一种近乎乌托邦思维的怪异的盲目性；既然过去比现在更好，那未来便应该复现过去。这不是我的意图：从五十年或七十年前的城市生活状况中，我们可以透视当下缺失了什么，但它不会成为未来如何建设更好城市的指南。在这一点上，我的想法与简·雅各布斯和她鞭辟入里的著作《美国大城市的死与生》（*The Death and Life of*

Great American Cities ）中的观点产生了分歧。因为她描绘了一个城市邻里间存在小规模的密切关系的旧时代，并认为我们应当回归过去。而我尝试说明这种复兴绝无可能，我们需要找到适合富裕的科技化时代的城市生活状态。

表面看来，城市生活正在消亡似乎是个荒谬的命题。大都市地区的人口快速增长，且主要集中在中产阶级郊区这一新兴的城市地区。在过去的七十年里，所有的城市建造技术——建筑、交通、通讯系统，都得到了极大发展。而我们这个时代奉行的真理是，如果科技和行政的复杂性不断上升，那么这样的"社会"就一定在变得越来越重要。于是，表面上，城市似乎成为了一个更加复杂且重要的机构。

但当后世的史学家撰写这个时代的编年史时，他们很可能注意到，当今最显著的特征是，在一个日益精致化的技术与官僚系统之下，社会互动和社会交换的空间正在逐渐简化。从未来看，这个时代的人们仿佛在以一种奇特的方式平衡自己的力量，他们既热衷于发明那些在复杂社会中引导生活的工具，又在将它们应用于真正的社会目的时行动迟缓、倦怠不堪。

本章的主题是这一矛盾的产生原因。我开始思考这个问题是因为偶然。几年前，在研究美国现代家庭生活的过程中，我意识到美国富裕郊区家庭的演化，使得某种团结的迷思永久地掌控了父母和孩子的相处模式。这使我开始思考家庭结构、城市发展和新的富裕条件是如何汇集到一起，并创造了这种心理模式。我对此并无清晰看法，直到我意识到，在过去十年间，家庭侵占了人们一度在更广阔的城市舞台上寻求的社会功能与联系。这些社会"空间"曾经被认为不适合家庭，而后者对此的挤占，刺激了某些反常行为在人们所抛弃的城市社会关系和家庭本身中诞生。这种反常，就是对团结的追求和对可能引起复杂或无序的经历的恐惧。本章旨在说明，随着人们为城市中的自己设想的家庭和家族式关系变得日益重要，青少年时期的净化模式会因此得到支持，并在家庭成员的社区与个人生活中扎根。这一过程的影响是双向的：社会生活会变得更加原始，人们寻求传说般的团结，尽管可用于更复杂的社会结构的技术资源正在不断增加。

对于在纽约下东区、波士顿少数族裔贫民窟或英国糟糕的工业城镇中长大的人来说，这个观点似乎残忍地漠视了贫穷曾经的后果。贫穷对这些人来说并不美好：对贫民窟有浪漫幻想的人基本都没在那儿住过。但是，在这些贫穷的城市区域，存在某些社会结构的隐藏脉络，使得当地居民在他们的贫困之外，获得了另一方面的身份认同。根本上讲，过去几十年的繁荣改善了这些城市居民经济上的不公待遇，但代价是他们群体生活的破裂。而这种过去的集体生活方式，恰恰能为现在遍布各个城市的社会交往模式提供崭新视角。

多元接触点

让我们沿着 1910 年前后的霍尔斯特德街（Halstead Street）游览一阵。这条街位于芝加哥巨大的移民聚居区中心，长约二十二英里，大部分区域人满为患。如果我们从它的北端开始向南移动，会意识到这里充满了"外国人"——到处都是不同类型的外国人，全部混杂在一起。本地人可能会告诉我们，有一些特定的街区属于希腊人、波兰人或爱尔兰人，但如果真的去仔细观察那些房屋或公寓楼，就会发现各个民族乱七八糟地混居着。甚至在中国人的街区——他们在当时被认为是最封闭的民族社群——也能在街上看到大量爱尔兰或东欧家庭。

在现代人看来，霍尔斯特德街上所有群体的运作都杂乱得令人绝望。公寓和商店混在一起，街道上挤满了各种各样的小贩与掮客；而当我们往南边走，会发现就连工厂也与酒吧、妓院、犹太会堂、教堂和公寓楼混为一体。这团乱麻之中，有某种结构化的社会存在的隐藏线索。

如果我们跟着霍尔斯特德街的一位居民度过典型的一天，那么大概会经历如下日程：早上六点起床，长途跋涉或乘坐有轨电车去工厂，接着进行十或十一小时的令人精疲力竭的工作。这部分生活是我们耳熟能详的。但是，当傍晚六点收工的哨声响起后，他的生活将会呈现出一个我们并不熟悉的面向。从工厂回家的路可能中断，他会去小酒馆或咖啡屋放松一小时。1910 年的霍尔斯特德街遍布小咖啡馆，下班之后人们会到这里舒缓压力，与朋友聊天或看报纸。晚餐通常是在家吃的，但晚饭后，这个男人——有时同他的妻子一起——会再次走出家门，参与工会会议、照顾他所属的互助会中生病的成员，或者单纯去朋友的公寓拜访。偶尔，当家庭需要一些特殊帮助时，他会和当地的政治头目喝杯啤酒，恳求他帮个小忙——给体弱的亲戚提供一份闲差，帮忙办一份入籍表格，或者为朋友出狱打点一二。宗教义务也会将这对男女拖出家门——尤其当他们是犹太人或天主教徒时。犹太会堂和礼拜堂必须在这座古怪的城市中建起，而建造它们所需的资金和组织工作，只可能由这些身为教会会员的小人物们提供。

1910 年霍尔斯特德街上的孩子的生活也会与我们预期的不同。十岁或十一岁的孩子一大早就会被叫醒，梳洗整齐，然后送去学校。直到下午三点，他都会坐在高高的课桌后面不断背诵和记忆。这一经历对我们来说并不陌生，但同样，他放学后的生活并非如此。如果他不回家工作——许多人都不回去，那么他将会在霍尔斯特德街上卖东西，或者在那些比他年长得多的人的摊位上沿街叫卖，后者和他一样，也在来往的人流中兜售物品、哄骗顾客。我们能从霍尔斯特德的老照片中看到这令人惊奇的景象，老老少少肩并肩地站在这些摊位上，高喊着自己货品的价钱和优点。许多年轻人在父母的默许下，会参与更加有利可图的课后偷窃活动——例如，我们在一个非常虔诚的波兰家庭的通信中读到了他们对小儿子的嘉奖，因为他从街角屠夫那儿偷来了一大块牛肉。生活无比艰难，人们为需求而战时不择手段。

我们可以将霍尔斯特德街的生活所包含的特征称为"接触点"的多样性，这些极度贫困的人通过它们在城市中建立社会关系。人们**不得不**在生活中实现这种多样性，因为他们的居住场所没有一个能够自给自足。家庭依赖政治上的"恩惠"、作为泄压阀的咖啡馆和酒吧、**犹太会堂**与教堂对戒律的谆谆教诲等等，获得继续前行的动力。执政权在不同家族间轮转，并与教会和犹太会堂流动的权力地位相互影响。这种接触点的多样性往往会把城市中的个体带到理应紧密包围他们的民族"亚文化"之外。隶属钢铁工会的波兰人时常与成为警察的波兰人发生冲突。接触点的多样性意味着各类忠诚以复杂的形式交织了起来。如果民族的"贫民窟文化"的概念意味着一系列连贯的活动和明确的从属关系，那用它来描述这些人是毫无意义的。

伟大的芝加哥城市学家路易斯·沃思在他的文章《作为一种生活方式的都市主义》(Urbanism as a Way of Life)中详细描绘了这一状况。他试图在文中说明，各民族群体的独立特质是如何被需求之城瓦解的。这些群体并不像小村落般聚集在地图某一处，相反，它们彼此渗透，因此个人的日常生活便是在形形色色的群体生活中穿梭，每个群体的功能与特征都与众不同。正如沃思的观察一样，通过将城市亚文化与那些民族群体原生的乡村文化的结构进行比较，可以看出这个观点的微妙之处。如同罗伯特·雷德菲尔德所言——奥斯卡·汉德林（Oscar Handlin）在另一语境下也表达了类似观点——小村庄生活的显著特征是它的所有活动对乡村社区的所有成员来说触手可及，村庄文化无处不在，因为没有任何分离或孤立的社会区域。尽管存在分工和等级，但每个人都了解那些单独活动的特点。而沃思笔下的民族亚文化的特殊之处在于，单独的活动或者说不同的群体之间相互依赖，却并不一定存在和谐的联系。城市的每一块马赛克拼图都有独特特征，但它们是"开放的"，这就是生活城市化的含义。个人有能力且有需要在日常生活中穿透许多社会区域，尽管它们并未被和谐地组织在一起，甚至有可能针锋相对。

恰恰是对"工人阶级"或"民族"文化的刻板印象，阻碍了我们看到过去的城市拥有的那种多样性。我们认为它与村庄的生活图景类似，但事实上它更为复杂、整体的组织化程度也更低。从中不可能轻易发展出任何团结迷思，也不可能存在一个简单概念，能够通过我做了什么、我相信什么来规定我是谁。

从城市中消亡的正是这种接触点的多样性，取而代之的是一种更为连贯的模式，它已经开始塑造我们的社会活动。

接触点的缩小：家庭之中的变化

过去半个世纪里，城市中的大多数民族群体实现了第一代移民做梦都不敢设想的繁荣生活。物质财富方面的向上流动伴随着社会的退缩，旧的复杂交往形式被更简单的接触结构所替代。这种新模式的具体表现，是一类格外强大且紧密的家庭生活日益发展。为了理解多种接触点的旧模式是如何消亡的，我们需要知道新式家庭生活中蕴含着怎样的力量。

在刚开始研究城市家庭生活的结构时，我不断听到一个流行的成见：城市的条件会以某种方式导致家庭不稳定。显然，人们假定城市的多元性会威胁家庭成员对彼此的安全感和依恋感。尤其当城郊社区的生活成为城市的主导后，一个传说般的富裕家庭图景逐渐形成：父亲酗酒，不受疼爱的孩子转而吸毒，离婚司空见惯，家破人亡是生活常态。相反，善良古老的农村家庭，则被认为是充满爱与安全感的。

这个普遍印象的问题在于它压根不是真的。塔尔科特·帕森斯收集了大量证据说明，在世纪之交的所谓"过往美好年代"，离婚率和遗弃率比现在要高得多。威廉·古德（William Goode）进一步证明了这一点，他指出富裕家庭的离婚率要比工薪阶级更低。这些城郊家庭中或许依然存在大量骚动和紧张气氛，但这与他们结构性的不稳定无关。事实上，我们会发现，这些家庭的特征便是极大的形式稳定性与深刻的、悬而未决的张力的共存。而正是这些持久的家庭，带着他们未曾明言、未曾解决的分歧，开始渴求一种传说般完美的社会团结。

城市会弱化家庭的观点同样体现在对《莫伊尼汉报告》（the Moynihan Report）所描写的黑人贫民窟家庭生活的普遍歪曲之中。这份文件实际讨论的是失业率对家庭的影响。但是，它被误读为了对北部城市生活如何分裂黑人家庭的描述，更具误导性的是，人们认为这份报告暗示了黑人文化中有某些过于"脆弱"的东西，导致它无法承受城市的恐怖。实际上，任何一个长期维持的家庭经历失业或间歇性就业时，莫伊尼汉描述的现象便会出现。因此，在北爱尔兰受迫害的农村天主教徒中，能找到比纽约市黑人中更多的频繁更换男性伴侣且有私生子的女性户主家庭。但那个迷思依然存在：不知为何，人们认为这是大城市造成的后果。

在《家庭对抗城市》（Families Against the City）一书中，我对这种成见——城市对家庭团结造成的威胁——做了调查。在对一群19世纪末的芝加哥中产阶级的研究中，我发现，发生在这些人身上的事情与刻板印象中的家庭城市关系截然相反。因为当时芝加哥生活的混乱与活力，迫使这些家庭回归自身，用来抵御城市的多样性。用西奥多·德莱塞（Theodore Dreiser）的话说，家庭成为了"礼仪的小岛"（little islands of propriety），自给自足、关系紧密、视野局限，家庭活动的基调自律且常规。它们成为了城市中的安全场所，作为代价，家庭变得沉闷，令人窒息。

这些家庭显著的历史特征并不是这种紧密性，而是他们的孤立性。也就是说，他们和我们这个时代的中产阶级家庭不同，和他们那个时代的贫穷移民也不同，这些家庭几乎完全是一座孤岛，同所在街区的其他家庭或小群体基本没有来往。这样的孤立已经有所减弱，如今居住在同一街区的家庭之间发展出了在危急关头互相帮助的临时纽带。但越来越多的数据证明，日常家庭生活的紧密程度，那种向内探求的特性没有消亡，而是在时间推移中存续了下来。事实上，这座城市中的历史变化趋势，就是大量的家庭，包括新近富裕的工人阶级和向上流动的黑人社区在内，逐渐都获得了这种曾经是本土城市中产阶级典型代表的特征。

什么是"紧密"（intense）的家庭生活？19 世纪延续至今的中产阶级家庭生活中的紧密性，可以由两个结构化特征定义。首先，家庭中的互动被视为更大的社会中各类互动的缩影。在社会关系中，没有什么真正"重要"的事情，是不能在家庭范围内体验的。如此相信的人们于是认为，他们没有必要进行某些社交尝试或社会接触，既然它们最终无法被调和或吸纳进家庭生活。

制造了紧密的家庭生活的第二个结构，是将所有家庭成员降至平等地位。这一特点在美国城市家庭中表现得比欧洲家庭更为明显。最通俗地说，这种感觉就是父亲想和儿子成为"哥们儿"，母亲想和女儿成为姐妹；如果父母被排除在年轻人的圈子之外，他们会感到失败或丢脸，仿佛身为成年人使他们蒙羞。在遵循这些守则的好家庭中，人们平等地交谈，孩子们揣测经验带来的教训，而父母尽全力忘掉它们。没有人提出家庭成员的尊严或许恰恰来自彼此的区分与独特性；他们一致相信，尊严来自平等地对待每一个人。这会让家庭成员之间的关系更为亲密，因为人们认为，在理想情况下，没有无法弥补的隔阂。

这两种紧密结构，事实上都限制了家庭经验的多样性。

将家庭视作微观社会舞台的信念会以两种方式限制家庭成员的经历，其中一种较为明显，另一种相对微妙。很显然，四五个人的集群没法反映更广阔社会中完整的态度光谱，也不能涵盖人类的全部特征。因此，家庭中的现实具有高度排他性。对紧密家庭看待陌生人的态度的研究表明，只有当外来者在一定程度上与家庭圈子内部有限的社会结构类似时，他们才会被认为是"真实的"、重要的、需要应对的。我们可以在那些种族上融为一体的中产阶级社区看到最为惊人的例证。黑人家庭能够得到接纳，只要人们感觉到他们总归"就和我们一样"，或者用一项研究中某位受访者的话说，"你甚至无法从某某家庭的行为方式中知道他们是黑人"。而一个**冥顽不化**的异类，是不可能在此种条件下被接受的。

认为自己是社会缩影的家庭变得自我局限的微妙方式，与它们赖以生存的稳定性基础有关。这一基础就是长期信任的存在，或者至少被相信存在。要让家庭成员认为他们至关重要，就必须确保长远看来不会有彼此背叛或关系破裂的可能性。因为人们不会在认为某处将要分崩离析或背弃他们的同时为之集中精力。然而，在更广阔的社会中，长期的信任与依赖关系十分罕见。在工作以及各种人类活动中，都存在某些重要的权力经验，它们无法以长期的相互承诺或信任为依托。旧的社会交往形式并不遵从上述准则。但如今，人们拒绝为那些流变的、不牢靠的、存在隐患的事物赋予价值，可这正是社会多样性的基础。

将家庭成员放到完全平等的状态，往往会以同样的方式为他们自己的经历设置可悲的限制。最近，一个精神病学项目在某大城市的普通郊区，对一些"正常的""普普通通的"家庭做了访谈。在访谈中，成年人们反复讲述他们在生活中想要且能够体验的经历，是如何因为害怕将孩子排除在外而最终被放弃的。人们从中感受到失落，有时这种情感甚至强烈到近乎自我毁灭。这些牺牲与金钱无关，而是更为私密且重要的小事：男女在下班后安静地共处一隅，单独旅行或度假，在孩子们睡觉后共进晚餐。在另一个场景中，父亲们一而再再而三地诉说他们如何因无法理解而使自己的儿子失望；当访谈者追问这句话的含义时，他们的解释往往是"他不像对待朋友那样对我敞开心扉"。这是主动要求的负担，由于人们相信对待孩子——尤其是青春期早期和中期的孩子——的正确方法是尽可能地与他们平起平坐，日常生活中那些多元尝试、打破常规的机会便被尽数放弃。

在作为世界缩影的家庭中，所有成员都是相似的"伙伴"的信念，是通过如下方式实现的。如果家庭是个完整世界，那么建立友谊与伙伴关系所需的条件也必须以某种方式被囊括其中，而要达成这一目的，除了将所有家庭成员视作立场相同、互相理解的同志外别无他法。

刚刚提出的这一观点或许与不少人的实际经历不符，他们的家庭关系紧张且疏远，似乎与前几代人的体验都不相同。然而，在紧密的家庭生活中，有一种反常的、隐藏的张力，能为这种现象提供合理解释。一些家庭研究者正在做的专业工作或许能证明这一点。

紧密家庭中潜藏的对净化身份的渴望

近来，部分家庭社会学的研究者正为了消除某种"冲突愧疚综合征"费尽心血。它表现为许多紧密家庭的成员看待家庭的态度。这种令身陷其中的人痛苦万分的症状描述起来很容易：好的家庭、正直的家庭，都是幸福的；而幸福通常与宁静相联系。因此，一旦家庭内部产生矛盾或冲突，这个家庭（以及挑起争端的人）必然差劲且声名狼藉——总而言之，是个失败品。心理治疗师们认为这是看待冲突的正确方法，但社会学家们，比如我，试图扭转这一印象。现实情况证明，与直接、公开表达冲突或不满情绪的家庭相比，在那些选择搁置或压抑矛盾的家庭中，严重情感障碍的发生率要高得多。

不过，"冲突愧疚综合征"值得注意的地方在于，它体现出了人们对家庭生活有着根深蒂固的预设：代际冲突是罪恶的，因为它被视为某种社会结构的腐坏，而不是历史不可避免的、自然的变迁过程；孩子之间鲜明的性格差异则会导致兄弟反目，而这被视作父母教养不良的标志。换言之，凡此种种对家庭矛盾的焦虑和内疚，的确传达出了某种期望，那就是为了社会的秩序，一切多样性和不可消除的差异都不应在家庭中存在。准确来说，中产阶级家庭最普遍存在的顽疾，就是为了秩序而尝试压制家庭成员成长过程中分化与分离，而这往往会断送家庭的"幸福"。我认为，正是家庭关系的紧密性，催生了对此种家庭秩序的渴望。因为如果家庭本身需要作为一个完整的社会而存在，那么以下结构是必不可少的：异常亲密的日常交往；对经验与年龄的差距的抑制，以免家庭成员自然而然地分开；尝试建立可靠的长期信任，并确保不会彼此背叛或分道扬镳。所有这些紧密结构都预设或指向秩序。而在试图按照上述原则建立家庭秩序的过程中，必须有意忽视生理与个性的差异。因此，"冲突愧疚综合征"是对家庭紧密性的渴望的产物。

但依据这些原则压制并回避多样性的做法，恰恰与青春期出现的那种对纯净的、超越无序的身份认同的向往一脉相承。对连贯身份的渴望，正是为了在社会舞台上逃避多样性和痛苦的未知，以寻求某种稳固的秩序。我确信，在过去几十年里，紧密家庭的结构已经发展为成年人生活中的一种特殊机制，**永久地**推动着他们建立连贯身份的欲望。它将成年人困在青春期的模式中固步不前。这些家庭极度渴望交流却恐惧内部分歧，相应地催生出各种紧张气氛与潜藏的负罪感，这种不为人知的感受，正是那些依然被发展于青春期的身份构造能力所掌控的人们的体验。他们在生活中寻找一种传说般的团结，如此的家庭结构，对家庭是世界缩影、所有成员必须等价才能彼此尊重的信念，以及对家庭冲突的过分内疚，正是这种追寻的具体表现。而那样的团结，恰恰生发于人们面对模棱两可与痛苦的未知时的无能。

以上论述宽泛地展示了青春期的模式是如何被转换为社区生活的结构的。**这种紧密的家庭生活作为媒介和"中间商"，将青春期的恐惧注入了现代城市的社会生活中**，并为构筑上一章提及的共同团结的迷思提供了素材。以紧密家庭为中介，由家庭组成的整个社区，也如同家庭中的个体一样，被困在了青春期的身份净化仪式之中。

我们可以通过以下问题理解这种从家庭到社区的转换：为什么要将这种结构视为"城市"家庭特有的？它是否也可能是现代

美国家庭的普遍特征，只是碰巧由于大部分人住在城市，才体现出这种区位特性？

这种家庭结构对非家庭化的社会生活的影响证明，上述解释是站不住脚的。由于紧密家庭的特性，社区生活中多种多样的接触点日渐消失，而这恰恰是世纪之交的那些拥挤城市标志性的特征。这类家庭将人们在城市中感知到的重要社会空间，分配给了一个特殊的社会组织，也就是家庭群体。家庭生活的紧密程度意味着它具有吸纳能力，它可以将个人的兴趣和注意力，集中到一个密切编织的亲属网络中。从历史维度看，过去半个世纪的城市生活发生了显著变迁，城市中多元的接触点和协会组织日益减少，而从前仅限于极少阶层的家庭生活特征，却被越来越多的城市群体效仿。

在过往几十年里城市最富戏剧性的变化——丰裕郊区的兴起之中，我们能看到这种同化的迹象。

紧密家庭与新郊区

直到过去的二十五年间，工业时代的"城市-郊区"经典布局，仍是尚存至今的都灵或巴黎模式。城市以环状划分，依据社会经济财富布置，城镇外围是工厂，旁边就是工人的生活区；越往市中心走，就会看到越来越富裕的住宅带。例外当然存在，但这种划分方法似乎适用于绝大多数中心城市。20世纪初，美国的纽约、波士顿和芝加哥，都大体遵循了这种模式。

经历大萧条与第二次世界大战后，欧洲与美国的城市中产阶级开始了一场前所未有的逆城市化运动。人们涌向郊区，直到几十年过去，社会学家才逐渐开始理解这一复杂现象。

二战之后，第一波向城郊的大规模迁移开始，当时的人们普遍认为，这是大萧条和战时人口流散导致的。但这个说法根本不足以解释为何这一现象会长期持续。基于地产经济的说法同样解释力有限。近来对城市与城郊居民的选择差异所做的研究表明，即使两边的房价一致，人们还是会搬离市中心，甚至当住在郊区的实际支出比住在城镇更高的时候，他们依然会做出相同的选择。

同样，二战后美国市中心黑人数量的上升，也不是人们搬向郊区的理由。一方面，这些黑人几乎不会接近那些年轻的城市中产阶级此前居住的地区；另一方面，在底层中产阶级原先的社区被黑人逐渐接管后，他们并没有搬迁到偏僻郊区，只是在离市中心稍远一点的地方重新定居了下来。后一种情况存在部分例外：在皇后区外围，确实有人为了躲开黑人搬走了，但数量并不比在康涅狄格州的达里恩（Darien）这么做的要多多少。

大萧条、战争、地价、种族恐惧，这些历史条件都起到一定作用，但它们只是过去几十年发生的核心变迁的分支。更深层、更隐蔽的要素，是在城市内外经营家庭的全新态度，它使在郊区生活更具优势。

即使尚属管窥，但现代城市生活的研究者们逐渐意识到，住在郊区的人们看中自家的选址，是因为他们认为这里比市中心更容易建立更紧密的家庭纽带。这里的"紧密"不是实指——毕竟在物理层面，没什么能比挤在城市公寓里的一家人更紧密的了。相反，研究者们如今了解到，是郊区社会环境的**简单化**，使人们相信与混乱的城市相比，那里更有可能存在亲密的家庭生活。

上一章提到，随着人们日渐富裕，社区的多样性不断衰退，郊区社会环境的简单化是这一趋势的必然结局。在城郊，物理空间被严格地划分为各种功能区：大片的住宅区与商业开发区隔开，后者集中在一起，形成郊区特有的购物中心或购物带；学校同样被隔开，往往单独坐落在公园般的环境中。在居住区内部，新建的房屋也都在同一档次。批评者指责开发人员的这种规划简化了环境，但后者如实回答道，人们希望"和自己一样的人住在一起"，他们认为无论从社会还是经济层面上看，多样性都是不好的。不再为经济匮乏困扰的人们渴望住在一个功能分化、内部同质的环境中——这才是问题的症结。

人们之所以渴望这种简化，是因为它能够让家庭关系的紧密性充分发挥作用。所有无关因素、未知事物，或是始料未及的社会条件的影响都能被降至最低。如此安排下的郊区生活，能够创造出紧密家庭所必需的长期秩序和连续性。将郊区环境简化为一个功能分化、内部同质的系统，使得人们对纯净体验的渴望达到了顶峰。隐藏在这种信念背后的假设是，倘若一个人能在家庭之外轻易接触到丰富的社会环境，那么家庭纽带的力量就可能被削弱。

二战之后的十年里，首批遵照这些原则的郊区逐渐形成，大卫·理斯曼等批评家开始批评人们在社会关系中的盲目和空虚。但这之中隐含着某种特殊的社会关系。那是一种共同的决心，为了维护家庭的安全与神圣，人们想方设法将种族、宗教、阶级或其他任何"干扰因素"排斥在外，以确保他们"美好的社区家园"不受侵犯。约翰·赛利（John Seeley）的优秀研究《克雷斯特伍德高地》(*Crestwood Heights*)和赫伯特·甘斯（Herbert Gans）关于莱维特（Levittown）郊区的新作都提到了上述纽带，尽管后者对这一现象的阐释思路并不相同。

这样的郊区家庭生活当然略显奇怪。因为对这种环境的现实偏好，简直变相默认了父母对自己的为人品德能否在更丰富、更棘手的情形下引导孩子没有信心，除非周遭只有郊区那种整齐的草坪与干净的超市。如果为了培养亲密团结的家庭，要有意削减大人与孩子的世界中的其他要素；如果家长们认为通过阻挡或剥夺孩子接触家庭与家庭般的学校以外的社会的机会，能够使他们成长为更好的人，那么由此造就的家庭生活的"亲密感"，必然是勉强且不自然的。

对郊区的类似批评自然还有很多，其核心都是以下事实：郊区居民对在自己无法控制的世界中生活感到恐惧。由此，这个充满恐惧的、为了避免混乱或过载宁愿变得沉闷无聊的社会，便与我在芝加哥联合公园社区所研究的那些工业城市的首批中产家庭有了共通之处。在中产阶级组成的工业化早期城市与后工业时代的城郊中，普遍存在着一种对城市社会丰富性的恐惧；而家庭，就成为了父母从中保护孩子和他们自己的避难所。

但是，考虑到本书迄今为止描述的人类发展进程，郊区的家庭生活埋藏着更深的隐忧。那些精心管理的社区在城市的语境中，展示了当对净化经验的渴望在群体中占主导地位时，社会生活会受到什么影响。人们是彼此的亲密朋友，无比认真地互相观察，在避免痛苦的混乱、尊奉生活之"体面"的名义下，人类多样性的范围与表达的自由受到了彻底的限制。宽泛看来，这完全就是那些将"良好生活"作为纪律强制推行的革命政权的城市翻版。人们自愿削减了接触点的多元程度，如此一来，他们便不会丧失团结。

美国的紧密的家庭生活，就这样逐渐降低了这一代人参与城市中各式各样人际交往的兴趣，那些多元的公众参与形式也在过去的几十年里随之萎缩，逐渐丧失了生命力。退出**纯属自愿**——技术的进步或黑人的涌入并没有造成什么不可避免的破坏。除了人为行动，没有任何机制能解释家庭的紧密程度为何会提高，以及人们为何会从众多交往群体中撤离。郊区的条件是社会创造的，它是社会行动的产物，如今也成为了内城改建的范本，指导着诸如纽约勒弗拉克（Lefrak City）的住宅综合体项目的进行。这其中包含着重建城市、通过社会行动带来变革的巨大希望，人们相信，城市不是固定的、不可改变的。

城市中广泛的接触点消失的后果，最直观地表现在人们享乐与争夺权力的场所之中。

"所有大妓院都一去不返了"

学生时代，我住在芝加哥南部的一间廉租公寓里。邻居之一是个年近四十、略显矮胖的女士，喜欢穿紧身豹纹皮裤，配橙色短上衣，口红带点蓝色调。她在夜店工作。偶尔，她会在下午去大楼旁边的餐馆里喝咖啡，我们就是这么认识的。她最爱聊的话题是作为社会组织的妓院正在消亡，交易被迫在私人公寓进行，从而失去了它的社交特征。通过"参与观察"，她收集了丰富的资料，能够对此作出详细阐述。警察很宽容，她说，这不是问题；正相反，是顾客对传统流程感到尴尬。他们不愿和女孩待上一整晚，聊天、喝酒，最后再走进卧室。他们现在想要快速的、隐秘的性爱。

这番长篇大论一直被我当作本地的民间传说，听听便罢，直到过去几年，我开始做城市犯罪"整肃"运动的研究。这些运动让我震惊的地方在于，驱使它们的那种情感上的欲望，是扫清或禁绝某种恶习，但正如我那位参与观察者所言，那种东西并不存在。几年前被认为由黑人移民带到中西部城市的"赌博窝点与妓院"，在如今的城市中相当罕见。赌博仍然大量存在，在贫民窟内外都有，也有人嫖娼，但这些活动都不是集体性的社交聚会。可能每个人都认识那么几个数据分析师或商人，他们会在出差时在酒吧搭讪单身女孩。这些激动人心的整肃运动也并未触及真正的犯罪，对诸如盗窃、有组织的毒品贩运和勒索等等罪行，那些宣扬法治的群体漠不关心。

但其他娱乐与社交场所也在消失，即使它们没有妓院或赌场那么见不得光。在工人阶级的住宅区，台球厅和小酒吧的数量迅速下降。如今，大量受人尊敬的工人阶级男性都买得起带院子的房屋，他们现在在那里消磨时间。城市居民富裕程度的提高，直接导向了以家庭为中心的新生活方式。威尔·赫伯格（Will Herberg）等人的研究指出，尽管现在教会的正式成员多了不少，但参与教堂或犹太会堂活动的人数正在下降。理查德·霍加特（Richard Hoggarth）在英国也观察到了类似的现象，较为富裕的工薪阶层家庭开始从当地社交中心退出。

社会学家已经注意到这种衰退一段时间了。他们不那么熟悉，但同样重要的，是城市中产阶级娱乐与社交场所的特点的变化。由于在历史上我们对城市中产阶级所知甚少，我们必须评估当下这一进程的社会特征。

在过去的十到十五年里，符合中产阶级顾客口味的小餐馆、夜总会和酒吧遭遇严重的财务困难，并在很大程度上被诸如豪生（Howard Johnson）、珑骧（Longchamp）或是稍逊一点的麦当劳等大型连锁集团所取代。在经济体量等方面，小型企业发现它们无法与这些标准化巨头竞争。中产阶级旅行时下榻的大型连锁酒店亦是如此：很难说印第安纳的假日酒店与新墨西哥或佛蒙特的有何不同。

上述变化的社会影响是，当中产阶级需要特地寻找亲密的、小型的社交空间时，最容易联想到的就是他们自己的家。如果人们想要进行私人的、温暖的社交，坐得下一百桌人的闹市餐厅显然不是个好选择；这种社交如今都在家里进行。如果将当今中产阶级的娱乐方式与巴黎的那些"老派"中产家庭作对比，或许就能看出区别：后者可以在餐厅里舒适地招待朋友，因为那些饭馆往往都很小，而且老板是活生生的人，不是一个拥有"企业形象"的公司。更重要的是，他们认为娱乐和社交是一种公共活动。美国郊区的一些犹太熟食店也有这种品质：人们去那儿时，无论是见到人、被看见还是偶遇谁，都不会有身处公共场所的不适感。

但美国中产阶级社交的主流趋势正相反："真正"的娱乐是邀请制的，并且需要在私人住宅中进行。这就是为什么泡咖啡馆——无论室内室外——没有成为流行的生活方式。尽管它们试图融入翻新后的城市中心或最新的购物商场，但人们觉得，与其带妻子去咖啡店或酒馆休息，还是在家享受餐前鸡尾酒更加"舒适"。

更为富裕的郊区居民可以通过加入乡村俱乐部，享受一些家庭之外的社交活动。考虑到这些机构是为数不多的能真正对抗郊区紧密家庭生活的手段之一，社会评论家对它们的批评实在显得过于傲慢了些。但问题在于，这些机构是同质化的：社会与经济阶层方面显然如此，且往往在种族与宗教信仰上也一致。它们是封闭的组织，但至少扩大了郊区居民有意义的"他人"的圈子。

上述这些是部分城市群体两极分化的社交方式的常见特征。富裕的人认为公共娱乐是大众的、机构企业的事务，这愈发强化了私人交往应当在家中进行的观点。而在收入稍低的工人阶级中，旧有的邻里组织正逐渐消亡，部分原因是这些"受人尊敬的"工薪家庭选择在家度过更多时间。另一部分原因是，对工人阶级社区进行的城市重建破坏了集会的地点。正如简·雅各布斯展示的那样，社会交流的场所——小酒吧、店铺和台球厅——都遭到了破坏，因为在中产阶级看来，一个真正舒适安全的地方不应该有这些东西。

娱乐场所的减少也可以被解释为现代城市中"邻里社区"日益界限明确且同质化的结果。过去，社会学家往往在争论"邻里

生活"的含义时大费周章，关键问题之一便是，当时人们的社会
交往过于多元，无法通过街区进行精确定位。但这在现在恐怕是
可以做到的。紧密的家庭生活吸引了所有成员的精力，并让他们
相信家庭本身就是社会中所有事物的缩影。这种信念，以及过去
二十五年的郊区化运动对城市环境的简化，使得城市中的每块特
定区域都获得了过于明显的社会经济、种族与功能特征。现在人
们真的知道邻居是谁了：他们是和自己一样的人。

斗争的场所

城市改造中最受尊崇的陈旧原则，莫过于头领和政治集团必
须退场。然而，受到改革的影响，这些社团的衰落切断了城市中
最关键的接触点。政治集团或许并不像丹尼尔·P·莫伊尼汉宣
称的那样，是现代城市的伟大造物之一，但不可否认的是，它们
赋予了个体接触权力的途径，并在社会及政治意见的交换中起到
了至关重要的作用。

我们首先得看看世纪之交时政治集团的社会特征。在四五十
年前，通常来说，这些权力团体都有社区会所，人们去那里聚会
和商谈。这些会所不仅仅是办公室，它们更像社会机构，人们对
其抱有亲近感，会去那里寻求帮助。例如，近来部分对坦曼尼协
会（Tammany Hall）的研究发现，它在某种程度上是那些需要
帮助的人们最后的指望。汉德林也提出了类似观点：这些机构的

贪污腐败，是工业化的城市社会惠泽小人物的方式。如果城市结构底层的人们想要"插手"权力并分一杯羹，那么合法性制度就必须被破坏。

如今的重要问题，是这些城市政治集团是如何被高尚、可敬的秩序打败的。可以看到，从进步时期的改革者开始，那些整肃运动的迫切主张，就是取缔个人政治和以权谋私，并代之以官僚组织——后者遵循惯例运行，且永远不会出现矛盾。换言之，在美国城市中，人们认为市政贪污的解决方案是常规化、去个人化的政治与权力：正义不应受个人或环境影响。然而，它的效果严重地自相矛盾。

这是因为，一旦改革运动成功修正了过去的错误，那些小人物，那些白人工人阶级和下层中产阶级选民，就丧失了与政治主体的联结感。当政治集团失去了人格特征，小人物们便被隔绝在**他**们眼中唯一有效的政治参与渠道之外。"疏离的选民"并不是空谈：任何一个考察过少数族裔社区居民感受的人都能证明，那种强烈的断裂感是真实存在的。如今的政治学界正在激烈辩论，在功能事实上，那些小选民是否被剥夺了权力。从人性视角来看，这种辩论完全是纸上谈兵——那些人切身感受到自己被隔绝了，他们察觉到自己被剥夺了某些说不上来的东西。

他们失去那些东西的原因，是城市生活两极分化为了紧密家庭和科层化的参与机制。而其结果是他们失去了古老含义中的争

斗舞台——表达自我并与他人直接抢夺权力的场所。因与果之间
具有内在的联系。

改革的精神内核正是新兴家庭内部"冲突愧疚"心理的变
体。人们认为良好的人际关系应当是没有矛盾的，彼此可以通过
事先约定的规则互相理解，并在很长一段时间里保持稳定。反过
来，这种态度又几乎囊括了人们对净化身份的全部渴望。改造城
市的腐败——一定程度上它成功了——不过是个幌子。改革真正
试图做到的，是通过消除引起意外和混乱的元素，排除城市生活
中的爆炸隐患，并用规则取代变化莫测的个人情况。然而，人们
恰恰开始自如地运用那些非人化、官僚化的规则实现自己的目
的。城市社会在权力关系上出现了分层：上层中产阶级能这么
做；但那些失败者、那些小人物，不能。

罗伯特·莱恩（Robert Lane）的研究敏锐地指出，无论白
人还是黑人，工人阶级的政治本领在于通过努力建立个人化的联
系与从属关系来行使权力。但在理性化改革的浪潮中，城市的下
层人口发现，他们知晓并深谙其道的办事方法不再奏效：人情买
卖消失了，承包商无法继续为朋友行方便，基层政客也不能再靠
一通电话，就让市政厅的朋友帮忙修缮街道，或是为自己的残疾
选民谋个闲差。就这样，交往群体的两极分化，以及紧密家庭和
家庭之外既定惯例的同步增长，创造出了一个权力真空；城市中
的小人物失去了通过争斗或游说来争取自己所需资源的空间。

我并不是想说人们该重新多多贪污，尽管我认为适当地通点人情是件好事。但我们确实应当看看集团政治为什么能在过去掌权，并从它们的贪婪与邪恶中打捞出掺杂其间的良善因子。像中产阶级改革者在许多城市中已经做到的那样，一味地摧毁政治俱乐部的结构，只会切断大部分政治主体与权力的联系，并增加这部分选民的"疏离感"——也正因此，他们会倒向极右翼提出的救世主般激进的解决方案。

新的城市社会空间

本章对变迁过程的描述，很容易被人们误解为是在"浪漫化贫民窟"。我无意号召人们回归艰难时期的生活方式，正相反，我试图证明，在这个富裕繁荣的时代，新兴的生活方式使得城市生活的本质——多样性和复杂体验的可能性——消失了。富裕城市生活的特殊机制需要变革，以创造新型的复杂性与多元体验。

对贫民窟抱有浪漫幻想的人常常哀叹现代城市失去了亲密的社交空间和小圈子。但从先前种种有力证据看来，情况似乎正相反。事实上，我们失去的不是亲密的小圈子，而是多个小范围的焦点。以往在各式各样环境中展开的活动与兴趣爱好，都被吸纳到了富裕时代城市家庭生活的范畴中。说实话，随着过去二十五年来郊区的发展，城市生活已经过于亲近、过于紧密了。

纯净社区生活的罪恶之源，就是这种新型的、紧密的秩序模式。极化的亲密关系使人们不再积极参与城市未知的社会环境中的事务：毕竟，如果家能够映照出所有的一切，那为什么还要去外面冒险？这个向内收缩的小世界并不适应日常的对抗以及不可消除的矛盾争执的冲击，但同样是它，要以极不稳定的方式回应城市中受压迫群体的动乱，用与最初遭受的挑战不成比例的镇压手段对付来自下层的敌意。

更重要的是，城市中极化的亲密关系的新构造，为个体提供了强大的道德工具，使他们能够排除新的或未知的社会关系。因为，既然郊区化的家庭自成一个小世界，且其尊严建立在长期的稳定与信任之上，那么将潜在的多样化体验拒之门外便可以被视作一种道德行为。为了"保护家园"，人们拒绝游荡或探索；这就是当人们将自己的放弃解释为"为了孩子"时，那种古怪的自我满足感的内涵。它使不作为变成美德。

在富裕时代的城市发展进程中，交往群体的极化就这样创造出了一代成年清教徒。新的美德，同此前的宗教禁欲主义类似，是一种从多元的、冲突的经验道路中自我净化的仪式。但最初的清教徒克制自我是为了上帝的伟大荣光，当代的禁欲者却是出于对未知和失控的恐惧。紧密家庭是维系这种恐惧的**首要途径**，它甚至使人们的亲密生活具有了已知的功能。由于家庭的转型，城市中相对不那么密切的社会关系也不得不改变。人们利用现代城市丰裕的物质资料，将城郊与新建的内城住宅净化为类似郊区的空间，使其变成了直白的、功能化的简单分区。

我相信，我们能够学会如何将城市生活中的物质财富用作自由而非自愿奴役的催化剂。但要想做到这点，必须先扭转一种适得其反的做法，那就是规划师进行城市空间专业化塑造时对复杂性的回避。

第四章

规划净化的城市

　　讨论至此，我们已经勾勒出了生活在新社区中的新人的形象：一个世俗的清教徒，他畏惧自己的力量，担心它去探索自己无法提前控制的事物；而其社区生活的机制，尤其是家庭制度，鼓励他将清教主义作为永久的生活方式。这类新型的清教徒成功使自己生活的社会结构变得愈发简单和原始。不过，他的这种野蛮冲动是在科技和机械发明的蓬勃发展中诞生的。

　　现代技术复杂性的增加与社会形态复杂度的降低并行不悖。科技进步对社区生活的影响逐渐集中到某个乍一看关系颇远的领域，那就是专业规划师构思、打造城市时的一系列假设。事实上，为了更好地共同利用那些创造了丰裕生活的技术，我们需要扭转某些有关大城市建造的特定预设。它们在一百年前的巴黎首次登场，如今已遍及西欧与美国的大部分地区。正如刘易斯·芒福德（Lewis Mumford）所言，20世纪的城市建设将使用机器的社会（machine-using society）和作为机器的社会（society as a machine itself）两种愿景混为一谈。而我确信，在指导大部分城市规划的那种特有的效率计算方法与人性化利用城市的新概念相结合之前，规划师创造出的城市条件会继续加强净化的动力，从而促使人们自愿退出社会参与，并将使用暴力作为矛盾的最终解决方案。

首先，让我明确指出，我并不主张放弃现有的技术手段，去选择对立的"人性价值"，因为工具本身便是人的造物，两者互不抵触。实属不幸的是，对现有的规划预设的批评，只是遵循着一个世纪前卡米洛·希特（Camillo Sitte）的想象；当代的批评家们依然做着田园牧歌的大梦，幻想着回归前工业时代的秩序，回归那个劳动分工模糊不清的世外桃源。这些对技术的问题与僵化之处的回应往往有意简化了城市生活，仿佛人们能够将他们的创造能力抛诸脑后。我认可刘易斯·芒福德的观点，即我们需要学会以人性化的方式使用工具，而不是为了人性抛弃工具。我们的任务是找出在过去一个世纪的城市建设中，在工程、住房、卫生系统和道路系统的巨大发展背后的，真正的社会目标。

奥斯曼男爵的梦想

由专业人士来规划城市是近来才有的做法。这主要是因为，在大工业城市出现之前，人们并不认为城市社会是种特殊的社会秩序。早期的社会理论家意识到了乡村与城镇在具体问题上的诸多差异，但即使到了文艺复兴时期，马基雅维利等作家也并不相信城市社会从属于不同的规则，或它的社会原则的设置及秩序具有什么本质差异。例如，前工业化城市中的人从农奴制中解放，但他们获得的这种特殊自由，并不被认为与"社会中的自由"（freedom in society）的一般性质有关。城市并未因此被赋予特殊的重要性，它被视为更大的设计的一部分。因此，城市社会的领导者并不是市内的专门人员，相反，他们是希克斯图斯五世这样的教皇，或是路易十四这样的君主，也就是最后一批帝国城市的建造者（凡尔赛宫确实是这样一个地方，而不是一些人所说的反城市）。

但是，大约一百五十年前，开始在城市中融合的经济秩序改变了社会思想家的理解。城市失去了旧有的样貌，人们开始想要知道它们有什么本质上的独特之处。首先，过往城市中的权力运作无法控制工业大都市中的技术和资本形成，这两个进程超越了城市或城邦原有的监管规则。单独一个城市政府决定用铁路而非船运作为商业中介是毫无意义的，贸易平衡并不会如此地受本地控制。工业资本的形成过程在这方面与文艺复兴时期的威尼斯等城市不同，它并不是通过航海贸易和探索激发的。但再一次地，约翰·斯图尔特·密尔（John Stuart Mill）和同时代的思想家们宣称，只要不受其他政治（或情感、历史）因素的干扰，这些新兴工业力量的运作本身就会惠及所有人。

因此，随着工业城市的人口和经济重要性不断增长，它们变得越发不受控制，社会福利规则也失去了它历史上的力量。现在我们知道了这种转型的危害——极度贫困、健康和职业状况的不确定性，以及城市外观无尽的无聊。19世纪更为开明的人们也意识到了这些。在已然主导我们这个时代的城市改革的动力来源中，有一个人厥功至伟，他就是奥斯曼男爵（Baron Haussmann）。

奥斯曼男爵出身普通但富有思想，19世纪60年代，应拿破仑三世的要求，他主持重建了巴黎城。在当时的巴黎，工业秩序与前工业秩序错乱交织。城市外围与内城的部分区域中，新工厂迅速发展；但乱糟糟的蜿蜒小巷和破败楼房依然是新旧经济活动的焦点所在，聚集着日益不为城市行政与社会服务当局所知的平民大众。市内通勤十分困难——在1840年，从巴黎的一个街区步行到另一个街区需要一个半小时；这段距离现在只需三十分钟。令当权政府尤为恐惧的是，在市民暴动时，他们没有办法控制住工人，因为弯曲的街道非常适合设立临时路障。

奥斯曼改善住房条件恶劣、交通困难、政治控制乏力的状况的方法，对当下的我们十分重要。他是第一个认为这些问题具有本质关联的人。一个人怎么处理交通问题，在内乱时就可能会怎么处置民众；而拆除危旧住房的办法，奥斯曼认为，也同样是界定社会不同阶层间关系的方式。

奥斯曼开始在杂乱的街巷中开辟出又宽又长、笔直向前的大道。这些大道能够容纳海量交通，让军队轻松进入城市内部的骚乱地区，并充当城市不同经济社会片区之间的界河。它们根据与城市机构的关系而布置，遵循在 16 世纪及 17 世纪早期确立的伟大的巴洛克时代的城市规划准则。宽阔的大道连起一座又一座公共纪念碑，而不是将一群人和可能与他们有社会关系的另一群人相连。因此，在奥斯曼的改革之后，巴黎的工人区依旧与城郊的新工业中心没有联系。恢弘美丽的林荫大道同样隔绝了人们的视线，于是贫穷和小资产阶级贫困这两个纯粹的社会问题，便被抛诸脑后。

奥斯曼男爵无疑是一位伟大的创造者，他的积极贡献不容忽视。然而，无论有意无意，他为我们这个时代的城市留下了一组高度简单化的假设。

第一条假设是，将城市问题视为一个整体是可取的。它相当轻率地认为，既然城市的社会、经济、物理现象在发挥功能时相互关联，那就应当以统一的方式处理它们。如此一来，通过结构化的路径，一个领域的变化将会必然地改变城市生活的其他领域。

第二条假设是，为预定的社会用途规划物理空间是一个好主意。换言之，奥斯曼告诉我们，相比于先完成城市社会结构的转变，再据此调整其外观，通过改变物理外观以调整大都市的社会样貌，在某种程度上是个更好且必然更简单的做法。

这些想法现在看来似乎是早成惯例、不证自明的常识。然而，事实上，它们并非注定的规则，而是人类对历史的回应的特殊产物。无论资本主义还是国家社会主义的现代科层制秩序，都建立在人类对自己与机器和技术造物的共存能力的反应之上，而理解这种特殊的历史回应的最好方式，便是考察奥斯曼的理念在20世纪最主要的规划运动——对大都会地区的规划运动——中是如何嬗变，或者更确切地说，是如何强化的。

宏伟规划

到第二次世界大战开始时，那些关心城市如何组织的人大致已经成为一类特殊的思想家。他们的教义并不具有感染力，也并不是什么富含深刻智慧的理想，但所有这些缺陷，都能被一种无比忠实的信念充分弥补。他们所信奉的东西，后来被称作"大都会规划"（metropolitan planning）。尽管埃比尼泽·霍华德（Ebenezer Howard）写于世纪之交的著作中有所提及，但这一规划理想在20世纪30年代得到了进一步加强，它主张将奥斯曼重建巴黎时的理念再推进一步：城市规划师将会连贯地设计整个城市地区的发展，不仅仅在单一城市的管辖范围内，而是在考虑周遭城市需求的情况下，去协调物质、经济和社会的力量。奥斯曼的作品中所假设的那种可期的力量，即城市综合体的一部分会对其余部分产生影响，在大都会规划的观念体系中，成为了一种**根据整体的性质规划局部**的完美理想。

自然，这是现代的统一性最常见的写照之一：这种理想是机器设计的基础，并在技术和社会组织中定义了一个现代独有的"效率"概念。不过，正如约翰·内夫（John Nef）等历史学家努力证明的那样，这一印象是对效率的假设，而不是效率本身的性质。在前工业时代的工厂中，制造产品的经验比将要制作的"整体"的标准、清晰的形象更为重要；因此，工匠们认为提前决定一个东西该长什么样只会妨碍真正的"效率"——即他们在生产过程中利用材料、塑造外形的自由。而在工业化的情境中，需要生产的产品是预先确定的，因此，产品的实现、整体的完成，是被动的例行公事，而不是主动的体验或探索。于是，通过在实际劳动之前展望其成果，人们就可以规划生产过程，让"整体决定局部"；既然生产过程中的那些局部并无自己的生命，那么除了协同创造出一个预先规划好的实体之外，它们没有其他作用。

这种生产思维显然更适合——甚至于迎合——机床的使用而非人力。的确，考虑到这点，过去三十年间最人性化的技术成就，就是用自动化的生产设备替代了流水线，使人们不必继续从事与他们体验新奇多样事物的能力不相匹配的劳动。然而，当这种生产思维、这种机器效率的形象，被移植到城市建造中，用以根据一个预先决定、提前构想的城市整体来设计社会的不同部分时，其结果就变得不太人道了。

在遵循这一原则制定的规划中，设计者首先确定城市地区当前及未来的"需求投射"，再设计物理与社会设施，也就是"局部"，来为其服务。在人们的预想中，这个过程的规模越大，在机器的意义上，它的结果就越有效。例如，在一本最近广受好评的有关规划的论文集中，编者总结道：

> 规划所覆盖的区域应当持续扩大。显然，我们需要一个全国性的城市化范本，或是针对整个美国的区位战略；此外，这一规划应当在大洲层面上，与加拿大和墨西哥协作。[1]

这位编者认为，如果如此大规模的协调要取得成功，那就必须预先计划社会与经济生活的所有方面以及它们的相互关系。这一"统合方法"包括以下内容：

> 美学人文的价值与制度，必须和经济政治的价值与制度有计划地联系在一起。因此，所有这些活动都必须同时被设计为客观实体与社会结构的单元。显然，公共与私人的结构必须吻合。[2]

这些言论并不是疯话。相反，它们相当清楚地表明了现代城市规划业界一个庞大且具有影响力的群体的目标。他们的理想是使一切尽在掌控之中。为了紧攥生活的缰绳，各式各样的活动都必须依据其最低限度的共同特性加以管束。遵循这些原则的规划结果是，未来的环境成为了规划者在当下对其的想象的现实投射，而不是由未来城市空间的居住者自己创造。正如机器是设计者而非制造商的产品一样，这些人无法像聚居在欧洲中部的犹太人那样，逐渐控制他们所搬入的社区。这一历史进程被取代了，人们被强制分配到了"适合"他们居住的地方。

在本书的开头，我说明了"需求投射"为什么是一种用于避免未来的未知的诡计。这种把握时间的方法尤为机械之处在于，依据这些准则衡量人们的"需求"的绝大部分规划师，并不是在考虑已知的经验，而是在考虑城市居民在秩序中的位置，以及作为整体功能的一部分的、抽象意义上的需求。在回应那些因公路建设或城市翻新项目流离失所的人们的抗议时，规划师们表示，他们的工作是从城市整体的角度出发的；但这种大都会地区，也并不比一台机器的某个功能部件，更配得上被称之为一个"社区"。

就这样，奥斯曼的第一条准则，即一个城市活动领域中的变化会改变其他活动领域，被转变为以下概念，即城市本身的重要功能存在于城市中特定活动的联系之间。重要的不是人们在自己的生活中做了什么或经历了什么，这些行为与间接经验领域的外在关系才是重点。现在没人能与城市规划师争论了，这些外在关系、这些缝隙，确实存在并塑造了城市中的某些大型关系。问题是，为什么要将它们作为重要焦点？为什么要单独挑出它们存在这一事实，并将其作为某种理想价值？在机器设计中，使整体运转至其效率峰值是零部件的最佳存在方式，但这在人类事务中为何是正当的？甚至正相反，在与彼此的交往中，人们应当被鼓励离开阻力最小的道路主动出击，去建立与以往样貌和方向有所不同的人际关系。历史现象就是这样将人与其他动物区分开来的。

"城市整体"，一个纯净迷思

进步的城市规划理念的这种基调，如本书开头所言，必然是由规划者对城市生活中可能存在的复杂性的看法奠定的。受发源于青春期的心态驱使，他们倾向于通过消除发生意外的可能性来控制未知的威胁。控制了社会互动的结构，便可以随之控制社会行动的路径。社会规划的被动"产品"替代了社会历史。人们希望能像机器一般预先计划好一切，在这种热望之下，隐藏着他们对规避痛苦、建立一个超越性秩序的渴求。在这种秩序里不存在多样性，自然也不存在人与人之间不可避免的冲突。让我们看看为何如此。

　　大都会规划仿佛是一种现代机器制造技术的体现。机器的零部件自然各不相同，但这些差异只是为了实现单一的功能；零部件间的任何冲突，甚至独立于整体运行的部件的存在，都会使机器无法完成目标。这其中没有理由存在痛苦或混乱。

　　但当这种技术隐喻被用于城市社会的结构时，它的意义发生了改变。在这里，城市发展的技术隐喻战胜了城市作为整体存在的需求，因为这些需求属于社会整体中人的部分，而不是来自社会经历以外的其他社会产物。在以机器为范本规划城市时，城市学家试图以超越的方式"整合"这些需求，为此，人类城市各部分间的冲突和痛苦，就被视为糟糕的、需要清除的性质。这与在后革命时期过度强调纪律或逃避进清洁的郊区出于同一种心理。真实发生的、直接的经历，人类全部的自由与多样性，被认为不如创造一个没有冲突的社区重要；为了建立一个理想社会，活在当下的感知被扭曲，因为在这样一个无比和谐的社会中，人们无法想象他们会在成长过程中背离与彼此"正确的"人际关系。

　　因此，同那些与世隔绝的小型郊区一样，大都会规划的技术形象很容易造就一个青春期社会（adolescent society）。以此为表征的城市规划几乎不会考虑——更不用说鼓励——社会情境的发展，因为这会增加人们的差异性，从而引发公共紧张。冲突被认为是对某种"更好的"、没有矛盾的城市生活的威胁。而当城市中真的出现冲突时，那些专业规划师甚至对如何在不导向暴力的前提下，让人们充分表达矛盾意见毫无概念。在大都会规划的信条中，对美好城市之构成的假设是如此的幼稚，它体现了拒绝直面充满复杂与痛苦的世界的青春期心态，而正因如此，城市冲突会不可避免地升级为暴力。那些规划者从未真正关心过应该如何调解真实的人类行为，或为不可预测的互动交往提供场所。净化机制的本质是对失控的恐惧。规划者认为，真实的混乱最好留给政治家之流处理。相反，他们将目光投向城市的"整体"，幻想着一个不知存在于何处的美丽城市。那是一座无比美好的城市，人们平静和谐地生活在一起，无论是贫民窟居民、爱尔兰警察、位高权重的白人贵族，还是嬉皮士、学生、办事员或会计，所有人都将无视彼此身上自己看不惯的地方，对他们之间令人痛苦的差异视若无睹，安定下来同享幸福。

这一大都会的理想形态有一个隐藏的维度。在托克维尔考察的那些依靠一致性建构的社区中，建立社区团结的共同形象，能够使其中的个体免于同彼此直接互动。在专业规划师连贯化的城市理想模型中，也存在类似的断裂。然而，对城市事务来说，这种断裂会造成领导能力的失效，使规划者无法实现他们想要达到的目标。这种无能是整体性规划中技术隐喻的本质造就的。因为机器不会因为零件的自发变化改变其输出结果，除非发生故障。一旦零件随着时间"累积经验"，也就是磨损，那么机器将会无法运行。但人类发展的本质却是，当旧的惯例被打破、以往的零部件不足以继续支撑新的机体需求时，**增长**就会出现。在更大的范围内，同样的变化方式创造了文化中的历史现象。

让我们说得更具体些：如今的规划或"完全指南"是针对整个大都会地区制定的。规划者试图依据预定的具体轨道主导他们的城市的未来。在实现过程中，计划中的某些部分会随着历史演变与其他部分产生冲突，这时，人们就会认为整个计划失败了。"整体"分崩离析了，因为它没有办法按照未知的路径发展。在这类宏大规划中，增长反而意味着按照机械的准则实现初始的愿景。这就是使得大城市规划步履维艰的内在矛盾：它没有为历史事实留下空间，对那些非期然的、矛盾的、未知的东西，它毫无准备。

在他鞭辟入里但未受公正评价的著作《最后的景观》（*The Last Landscape*）中，威廉·H·怀特（William H. Whyte）描述了规划者试图依照这些准则建造华盛顿特区时，是怎样的无能为力。他们强行套用了城市发展的理想图式，但城市的历史事实正在逐渐偏离此道；新的住宅区和商业区在规划者未曾预料的地方出现，中心城区的自我更新方式也与最初的设想不同。如怀特所示，规划者对此的反应并不是试图理解这些新变化并从中吸取经验，相反，他们呼吁增强警力，以落实他们最初的设想。他们没能获得这些力量，于是，最初那批规划师中正弥漫着一种无可奈何的消极情绪：如果无法"保持控制"，那他们还能怎么办呢？

然而，恰恰因为完美的宏伟规划的意图本身就与城市生命周期中的历史概念相抵触，规划师最终注定会失去控制。就这样，城市内部产生了专业领导权的真空。

这种真空导致的令人痛心疾首的明显后果，可以从美国和西欧大城市的公路规划中看出。毋庸置疑地，港口和洲际管理当局提供的资金和政府规划权并没有在此缺席；相反，美国城市中的这些项目在落实设想时拥有几乎专制的权力。然而它们还是失败了，不是因为缺乏专业知识，而是因为它们不具有随时间推移适应调整的能力：城市的交通规划会与内城本身不断变化的特质相互影响，但人们并未为此制定准备方案。规划师并没有设想过与"规划阶段"的环境有差别的情形；但是，随着道路的修建，决定使用汽车的人越来越多，拥有可供使用的汽车的人也越来越多。于是，交通堵塞程度与新公路修建前一样严重，规模甚至变得更大了。规划师的过错不在于他们并非全知全能，而是在修建之前，他们假定自己全知全能。因此，在推进大规模的长期规划时，他们从未在设计中考虑过变化和演进的处置办法，甚至没有想过他们原来的想法是否值得贯彻。

在人文主义者绝望的想象中，技术力量是战无不胜的。但是，同任何从特定历史环境中发展而来的事物一样，技术模式只对与其自身发展相关的力量有掌控力。既然机器技术的发展并不是由与社会结构直接相关的社会力量引发的，那么它对城市的强制重塑势必会导致我们如今在交通运输、公共事务与公共住房安置等领域所经历的那种崩溃。在城市塑造中，技术隐喻并不实用；它根本就是无用的。

至于人类这"部分"，现在的我们已经能从查尔斯·艾布拉姆斯（Charles Abrams）、简·雅各布斯、马克·弗里德（Marc Fried）以及赫伯特·甘斯等城市学家的著作中痛苦地意识到，为了实现某些抽象的发展或翻新计划，真实的人的生活被摧毁了多少。

例如，弗里德在他精彩的文章《为失去的家园悲伤》（Grieving for a lost home）中描述了一群普通城市居民突然体验到的空虚感。他们从规划中预计要翻新的破败地区，搬迁到事先在城市其他地方规划好的干净、现代化的住房中。猛然间，那些曾经同邻里联系密切、日日交流、对彼此忠心耿耿的人们发现，自己像难民一样被孤零零地分散开来，而这一切都是规划者"为了他们自己的利益"作出改变的结果。规划师对这类抱怨的回应是，任何社会变革都会导致某些人的错乱。确实如此，但是，这些规划师自己提议的变革最终指向的承受者又是哪些人呢？自然不是郊区居民——他们想要整体性地与城市地区隔绝，并且他们也做到了；又一次地，对下层中产阶级和底层民众的广泛调研的结果显示，这些从旧有的生活区域转移到新的、预先规划好的社区的人们，展现出了与弗里德的描绘相同的"悲伤"。这些研究表明，普通城市居民对他们在这一宏伟方案中的新位置并不抱有多么强烈的热情。

对城市规划者来说，仅仅用自己不过提供了构建社会生活的技术材料，而如何使用这些材料应当是城市居民承担的责任来为自己开脱，是不够的。在自然科学家之中，这一说辞逐渐受到了强烈质疑。过去的几十年里，当代科学界开始认识到，人类发明的任何东西都无法脱离人类的使用；无论科学家自认为他在工作中是多么的独立与客观，在人性意味上，创造与发明绝无可能是"中立的"。这是如今的规划界需要吸取的教训：它必须在历史性的、不可预测的社会中为自己的行为负责，而不是沉浸在一个和谐的、拥有预定秩序的梦幻世界里。

为了使现代城市服务于人类需求，我们必须改变城市规划者的工作方式。规划者们必须为城市的具体组成部分工作，为城市中的不同阶层、民族群体和种族工作，而不是为什么抽象的城市整体进行规划。而且，他们的工作不应当是为这些人规划未来；如果想要充分发展，这些人必须自己做这些事情，他们必须积极地参与塑造自己的社会生活。不过，生活所需并非全无定式，成长也需要物质基础而不应该漫无目的地徘徊，因此，规划者们可以为社区中的人们提供社会材料，使他们借此教化自己。

这个概念要比初看起来更为复杂一些。我不认同许多自诩为新左派的社区工作者的观点，即由于社区是自发形成的，因此它所做的任何事情都是**本质**善良的。聚集的人们也可能会变得残暴，比如德国的纳粹分子，或者从前南方那些恐吓黑人的白人暴徒。建立一种压制性的共同秩序的冲动，会**自然而然地**从人们的生活中产生。但是，与人们对神话般的社区团结的渴望相同，出于这些复杂情感，人们绝不可能仅仅通过遵循其他人的良好秩序或美好计划而变得善良。我想本书的前几章已经从心理学的角度解释了这是为什么。在对共同生活毫无目标的找寻和社区的专制管理间，存在一条中间道路，它并非两个极端的折中，而是一种全新的方法。这种新型城市规划可以使人从自身以外的世界中，创造出获得成长所需的材料，使他们摆脱那些在成年前夕学到的特殊处事方法，在面对全新的、未知的经历时不再退缩。

注释

[1] W. Wentworth Eldridge, ed.: *Taming Megalopolis* (Garden City, N.Y.: Anchor Books; 1967), p.1158.

[2] 同上。

第二部分

新的无政府主义

第二部分引言

很难想象哪一场城市社会变革不会针对贫困问题展开。然而，迄今为止所描绘的净化模式表明，那些并不贫穷的城市居民的社会生活中存在一种根深蒂固的疾病。这是一种情感贫困而非物质贫困，并且它是自愿的。我们能从中同时看到改变的理由与希望。

在赫伯特·马尔库塞和诺曼·O·布朗（Norman O. Brown）的著作中，潜藏着对丰裕带来的社会后果感到绝望的悲观情绪。马尔库塞和布朗笔下的社会生活，在某些方面与我描绘的图景具有类似的特征：那就是马尔库塞所谓的，人们在自己的生活中创造的"单向度性"（one-dimensionality）。然而，我的想法与马尔库塞大相径庭，我认为这种情感贫困是人类自身成长过程中的某些基本因素"造成"的：城市社区生活中的丰裕条件，不过是让这一深层的奴役冲动得到了表现的可能。将这些困扰的根源归咎于创造了经济结构和丰裕时代的那些非个人的、机械化的体系，实在是过于轻率了。我们从过去几十年吸取的教训，并不是丰裕本身是多么的腐朽，而是它被使用的方式是多么的糟糕。

如果要改变丰裕的社会用途，就需要以一种新的方式平衡成

年人生活的心理力量。要想善用丰裕条件，我们必须创造一系列
社会情境，确保它们能在人成熟的过程中，削弱他对可控的、净
化的经历的渴望。我或许比马尔库塞更相信变化能够发生，因为
在我看来，这些共同弊病的源头是大多数人成长过程中的冻结或
停滞，也就是他们青少年时期的问题。既然在这个青春期之后，
还有一个**可能到来**的成年期，我相信，只要这一成年期能够出
现，那么如今支配富裕社区生活的奴役状态便会终结，而丰裕，
将被用来充实人类的自由。

实现这种可能的成年期的条件或许已经很明显了：人们
要与其他人共同生活，并从中学会忍受痛苦的模糊性与不确定
性。为了对抗青少年时期日益增强的奴役欲望，人们必须随之发
展出对未知的需求，要在生命中缺乏特定的无政府状态时感到
不完整，要如德尼·德·鲁热蒙所说的那样，学会去爱身边的
"他者"。

这似乎与当今人们在城市中的社会生活经历相去甚远，但我
相信，城市将在推动人们进入这一新的成年时期的过程中发挥重
要作用。因为，如果曾经作为城市标志的多元社会接触点，能够
以一种适合丰裕条件的方式被重新激活，那么一些体验差异与无
序的渠道将再度向人们敞开。城市生活的伟大之处，在于它确保
了其边界内可以存在某种新型的混乱，某种不会摧毁人类，反而
会使他们更加充实与成熟的无政府状态。

第五章

超越净化的身份

人要怎样学会接受痛苦的意外和混乱？这一接纳过程中潜藏着破除净化迷思的秘诀。鉴于这些迷思在青春期的危机中发挥了巨大作用，学会面对痛苦的过程同样也会告诉我们该如何超越青春期、步入成年时代。

人们总是轻描淡写地说，痛苦会为生活"赋予意义"。我们知道，那些永久罹患精神疾病的人痛苦不堪；整个人类共同体也经受着饥荒和奴役的折磨。说这些人的生命因此变得富有意义，那些苦难有其效益，似乎过于轻巧了。事实上，如果想要与19世纪的革命家共情，最可靠的方法就是去阅读牧师写给穷人看的各种宣教手册，这些册子将每天14小时的繁重劳动描述为"管束贪欲与肉欲的赐福"。在当代，同等的愚蠢说辞，是黑人将因他们必须抗争而变得更加强大，好像大多数人不费吹灰之力就能获得的最基础的体面生活，是少数群体经历地狱般的考验才有资格拥有的珍宝。

将苦难视为祝福是荒谬的，但我同样要说，一个完全没有痛苦的社会是永不可能存在的。事实上，这种愿景如今往往导致革命领导人制造出背离他们意识形态的东西，甚至为世界带来更多痛苦与压迫。这不过是相同的那种奴役在"得体"与自我约束的团结的幌子下的另一侧面。可见，当我们有意识地去规避社会生活中的某种痛苦与混乱时，似乎会造成巨大的不公正。

年轻革命领导者的经历证明，一些特别强大的人有办法冲破这一悖论。有时，当第一次爆发的尝试失败后，这些年轻领导人的生活会产生深刻变化。他们会愈发坚定地投入自己的使命，但失败的经历会改变这一投入的性质。活跃于中国革命的俄罗斯人鲍罗廷和加林就是这种变化的例证。在亲身经历中，尽管依然坚定信仰革命主义，但他们在一定程度上放弃了系统方法，并吸纳了与教条并不直接相符的细节。1968 年至 1969 年参与大学动乱 [①] 的部分学生中，也出现了这样的转变。努力的失败并未削弱他们对改变的渴望，却使得他们在权力斗争之外，对自己和自己的敌人愈发好奇。失败让他们能够在生活中更好地去理解与自己不同的人。

与马尔罗的小说《征服者》中那位年轻角色洪不同，这群特殊的青年人放弃了那种自我封闭的纯洁性。他们开始对自己直面

---

① 指欧美的学生运动。——译者注

的周遭世界感到好奇，并对敌人抱有与对自身同等的关注。我相信，这是因为征服外部世界时的**失败**，使得某些与生俱来、却在青春期萎靡不振的品质复苏了。因为失败，他们重新燃起了童年时那种对周遭广大而不可控制的世界中的人与事的好奇。例如，现在某些圈子里产生了一种对警察的同情，人们想要知道这些人的生活为何会使得他们厌恶学生与黑人。

这些变化的微妙之处在于，年轻人们依然信念坚定。只不过，由于第一次实践革命理想时遭遇了失败，他们如今的使命不仅在于由统一的意识形态所确定的真理，更在于一种想要去看见、去触摸、去理解的新渴望。对敌人——警察、憎恨他们的工厂工人甚至中产阶级父母——的同情，使这些特别的年轻人变得谦逊，并愿意自我批评。这就是去年发生的大多数事件背后所隐藏的故事（这些故事不为人所知，因为媒体为了勾勒出"我们"与"他们"的简单形象，只探讨了那些事件的激进程度，而不是这一代人所肩负的使命本身）。

这一转变过程确实只触及了少数特殊的学生"反叛者"的生活，但它展现了特定类型的失败能如何削弱那种"我们"与"他们"的净化迷思。无论如何，这些年轻人面对失败的反应并不寻常，在所谓的极端性之外，他们思想形态的另一特点，使他们显得与众不同且格外坚强。

在成年前夕，每一个年轻人都畅想过自己将来会有什么作为、发现抑或成就。这些对未来的梦想是他构建自我认同的核心。如前所述，这些梦想往往会凝结成一种固化的图景，因为年轻人难以忍受生活中的模糊与失调。可是，每个人的梦都会做得比能力更大。在成年过程中，不是所有青春梦想都能实现，人们将被迫在挫折之中尽力挽回他所能得到的快乐。与近来这些年轻的激进分子不同，失败让大多数成年人感到梦想无济于事，于是，他们便在乏味生活中随波逐流了。如今的难题在于，这些平庸的成年人相信，放弃年少时的梦想本身便意味着"成长"，就好像步入成年是青春的活力与希望命中注定的消极归宿。

然而，（由敢于梦想）转向消极地接受周而复始的生活，并没有冲破那种净化模式。它只是一种过于轻易的消极顺从，让人沉溺在毫无挑战的舒适圈内，从而进一步延续了青春期时那种最为糟糕的、用以避免在未知或难以控制的情境下行动的力量。对未知的恐惧促使青少年为自己想象一种一切都妥善契合的生活，而在成年之后，由于最初的梦想未能实现，它转变为对不按机械计划行动的恐惧。在富裕群体的描述中，"放弃"往往是他们成人时期的主旋律；社会研究表明，这一现象远不止存在于严重抑郁症患者之中。但"放弃"是一种舒适的做法，这么做了的人们会团结起来，去打压那些挑战他们的日常惯例与平静生活的人。从我描述的那些年轻的激进分子身上可以学到的不是某种意识形态，而是这些非同寻常的人们为何接受了最初梦想的失败，但却

依然坚守信仰。在富裕的社区中，我们需要找到能在日常生活中
激发这一力量的办法。

打破对净化身份的需求

青春期的力量促使年轻人拼凑出一个完美洽合的身份认同，
成年时期的力量则帮助他们接受真实存在的不和谐以及尖锐冲
突的经验。而从前者转向后者的进程，在我的构想中，分为四个
阶段。

阶段一：在青春期，体验的能力与可用的经验储备之间的不
平衡达到了顶峰，而后者能够为新获得的力量与优势提供指引。
人们取代了父母的地位，构筑起自己的核心权威，因为他掌握了
综合道德与价值准则的能力，可以在比家庭更广阔的社会语境中
确立自己的身份。

阶段二：在创造身份认同的过程中，通过净化经验的机制，
成长中的不平衡带来的张力能够得到解决。因此，个体会设想他
所害怕体验的事物的意义，并将自己封闭起来，以避免实际面对
周遭社会中的未知。由此产生的连贯身份，会造成社会生活中自
愿的局限与退缩，使人们被假想出来的那种统一、超越痛苦的社
会现实所奴役。

我认为，当今社会大部分人的转变就处在这两个阶段。正
如本书最初几章所示，现代城市的社会制度助长了这种成长的停

滞，因此，在成年人的社会生活中，逃避未知事物成为一种手段，人们借此在毫无威胁的同质性中，创造出"社区"的感觉。

这种典型的成年模式必须被打破。一些尤其强大的年轻革命者的经历暗示了可能的演进方向。

阶段三：在试图实现某种连贯有序的愿景时，年轻人遇到了不可动摇的障碍或脱离掌控的社会情境。无序的世界挫败了一致与团结的梦想。

失败的方式至关重要。对年轻人中更为理想主义的那部分——也就是其中的大多数——来说，如果他们的梦想仅仅是受到忽视或被强制拒绝，那么什么都不会改变。部署警力或调动学校管理部门对抗理想主义青年的人并不知道警棍无法摧毁一切；他们的做法只是证实了年轻人抛出的质疑的真实性。相反，在 1968 年的反叛中，以一种良性的方式崩塌的，是那个"我们"学生是好人，"他们"当权者是坏人的假设。净化的形象破碎了，一种同情诞生了，而这种隐藏的、富有成效的失败，与警察毫无关系。如果净化的身份形象能够因个体**感觉到**它们在当下的需求中并不真实而被打破，那如果人们能够通过某种方式理解失败，又会产生什么结果？

阶段四：童年时对直接世界的好奇重新诞生了。人们再度产生了去看的渴望，而不仅仅想要看到事物处在恰当位置。换言之，探索未知的地方、体验前所未有的感觉与环境的勇气再次出现。在这一过程中，产生了一种对世上的"他者"集中的关注与欣赏。

上述发展阶段对复杂的成长模式的概括可能过于笼统了。最简单的揭示其复杂性的方法，就是考察这四个阶段的终点，也就是青春期净化欲望的反面。我曾将这种状态称为一种**可能的**成年，但它不仅仅是一个逻辑上的概述。特定的精神疾病——尤其是存在严重歇斯底里现象的精神分裂症——的大量成功治疗案例证明，成人的身份认同不再需要这种净化的体验。正如心理学家将极端的净化渴望视为个体的"反常"一样，对这些病态个体的治疗方法，或许能作为处置同一模式的社会病态的参考。

成年与青春期的身份对比：不再全能

当一个人对秩序、对一种纯粹而无痛的生活的愿景，被过于复杂而无法约束的社会世界打破时，被击溃的并不是这个人本身，而只有他对自己无所不能的信念。因为净化的欲望正是从对全知全能的追求中生发的：人们想要在遭遇之前便掌握经历的意义，以避免被它压垮。然而，正如海因茨·哈特曼的观察那样，失去无所不能的感觉，意味着人们开始以另一种方式感知到个人的强大。

精神分析学的某一流派将这种新的个人力量感称作充分发育的"自我力量"（ego strength）。这一术语的意思是，即便一个成年人感到自己不再能完全主宰周遭世界，他也认为自己不会反过来全然受世界摆布。而不可思议的是，当人们意识到自己无法掌控生活中发生的一切时，某种自足的孤独与专一会悄然诞生。在马丁·布伯（Martin Buber）等宗教作家笔下，一旦个体将自己视作"众生之一"（one among many）而非社会世界的主宰与写照，他便能体会到此种"超越自身属性的存在方式"（being greater than his attributes）。自我力量的概念以不那么神秘的方式描述了同一种感觉：不再相信自己能够主宰一切后，某种力量得到了肯定。

这种力量的心理学意义体现在两个方面。治疗师在临床工作中注意到，歇斯底里其实是一种控制手段：如果周围的社会情境被激化到同等狂躁的情绪水平，那些歇斯底里的患者便可以完全掌控它们。归根结底，是他们自己造就了个性中的狂躁。因此，在通常解释中，歇斯底里被认为是不能绝对掌控周遭世界的个体对可能发生的事情的恐惧。针对他们的治疗目标之一，就是让这些人相信，除了控制外部环境的能力，他们另有其他的力量与内在。一旦治疗奏效，患者心中会燃起巨大的力量感，这不仅是因为他们从歇斯底里中解脱，更因为他们感到自己不会被新的徘徊与探索摧毁。

理解这种源自受限感的自我力量的第二种方式，是通过身份这一概念本身。若严格遵循埃里克森与哈特曼的定义，身份是一种通过有意构建规则，将个人置身于社会空间中的方法——它是个体在社会中的自我识别。通过在青春期构建连贯的身份模式，人们将自己**视作**掌控者。而当连贯性被打破后，人们将自己视为其他存在中的一员：个体能够影响他人，但无法按照自己的形象改造他们；反之，每个人自身之中也存在着他人无法改变的东西。

这是一种不同的身份塑造过程。对成年人来说，他的身份由其所能执行的一系列**行为**定义，而非由其**属性**或所具有的特征决定。这一差异至关重要。彼得·布洛斯将青春期形成的自我形象称为"自我意识的客体"（objects of self-hood），也就是用以在青少年所融入的圈子中识别他们的那些静态标签或信念。在青春期之后可能的成年期，通过个人的想法或他所具备的特质来标明身份的需求，让位于依赖某种特定行为而产生的自我意识。为此，人们必须意识到，试图通过标签或身份属性永久地固定自己与社会世界的关系是徒劳无功的。我将这种特定行为称作关心（caring）。

关心：受限的结果

当一个人不再像青春期时那样渴望自己无所不能后，他所关注的事物的特性会发生某些变化。这种变化体现在"关心"一词两种不同的用法中。

在日常用语中，我们会说"关注（caring about）某人"，也会说"关怀（caring for）某人"。后者表达的意思比前者更为强烈，有时几乎有想要照顾（take care of）他们的含义。相应的心理作用也会出现，即我们会掌控他们，而他们也会依赖我们。这也是看待相爱的两人间力量关系的一种方式。

在研究精神分裂症患者的婚姻模式时，治疗师发现这种形式的关心会在夫妻之间创造出某些有害的东西。它成为一种对权力的追求和对力量的展示。在社会层面，同样的关心或许也是韦伯的克里斯玛概念的基础，因为它同时构成了领导与被领导的欲望的关键。后者，也就是以被照顾为名受领导，无论是在亲密关系还是集体关系中，都是更为可怕的情况。正如托克维尔所说，出于对舒适的简单渴望，人们会将服从领导当作一种规避独立行动与感知带来的痛苦的方法。事实上，这种退缩是人们在净化社区中回避社会接触的本质。在这些人为条件下，被掌控的愉悦之处在于，它会使人感到自己正受到关心。净化的结构看似与人文关怀的感觉联系在了一起，但那事实上是一场权力的游戏。

独立于权力欲望之外、不同于主人对他心甘情愿的奴隶那般的关心是什么样的？我将这种关心称作"关注"。它与一种简单的、生物般的好奇心密切相关，但它好奇的对象是那些可以把握的形象，也就是个体化的形象。所关心的人或事越个体化、越具象化，人们关注它的意愿和能力也就越强。这种关心认为情感的力量会随着每一个体的独特性的发展而日益强大——因为这使得人们有了更多值得在意、值得探索的东西。意识到个人差异是值得去爱的，是治疗精神分裂症患者的婚姻的转折点。这就是为什么实现成人身份是发挥人类力量的条件：个体发展出了去关注可能会伤害到他的个体化的、切近的事物的能力。

在社会层面，这种关心反对任何抽象的人性或情谊的概念——它反对任何意识形态，因为普遍化的人的概念，是我们这样的有限生物不可能领会、从而也不可能在意的。这也是那些依赖对"人"是什么的解释的精神伦理学讨论变得如此抽象的原因：在其关心的现实世界中，人并不会按照某个合成的固定形象行动。同样地，教条化的资本主义或马克思主义意识形态之所以显得枯燥无味、死气沉沉，也正是因为它们剥夺了人们关注触手可及、力所能及的小事的机会。

因此，这一关心的概念，产生于对人类极限、对人在世上的关切与力量的极限的了解。由此，通过对不安的成年人的心理诊疗，孩童般自由的好奇心以及对自身直接经验对象的关注能够重新浮现。关注和特定的关心，不再像青春期时那样需要由预先设置的价值结构支配：那些"并不契合"个体在世界中的身份感知的事物同样可以被接纳。这种治疗让人相信自己有能力在未知的世界中生存，而不是被它毁灭。对自我坚不可摧的信念造就了关心的能力，而这种信念却又源于一种失败——人们无法摧毁"他者"，也就是社会经验中的未知。

部分 1968 年的青年激进分子的复杂愿景便是如此产生的。他们对正义和完美的憧憬与青春期时一样强烈，但他们同时发展出了去探索、关注那些理想愿景以外特定的**新**事物或**新**情境的能力。这就是成年的自由：吸纳新的、或许也是痛苦的意义的能力，以及参与个体无法安全控制的情境的意愿。然而，这种自由却建立在某个最初发展于青春期的能力之上，并以一种引人注目的方式与之并存：那就是通过将意义有序地串联排列，建立自己在社会空间中的身份。

成年与青春期的连贯性之间的联系：偶然

在身份建构过程中从心所欲而不逾矩的双重能力，是一种复杂的心理成长现象。为了明确它的重要性，我们需要考察威廉·詹姆斯（William James）与西格蒙德·弗洛伊德这两位现代心理学创始人，对维多利亚时代有关长大成人的阶段假说所做的突破。

在 19 世纪中叶的育儿书籍的描述中，青春期以前的人与性冲动产生之后的人具有本质的不同。相应地，在成年早期经历过性结合的人，也被认为在情感上与青少年具有本质的不同。这些儿童书籍将人类情感的发展，描绘为一种类似于昆虫生长过程中物理变态现象的**转型**（transformational）。詹姆斯与弗洛伊德都反对这一概念，作为替代，他们提出了人类情感发展的**累加**（additive）视角。

詹姆斯与弗洛伊德对在成长过程中逐步累加的人性材料的性质的看法不尽相同，但二人对这一加成过程的形式的理解，却有着惊人的相似之处。在他们看来，新元素并未改变原有的情感材料的本质，只是加入了与之抗衡的新欲望，因此，成长就像是一幅马赛克不断扩大的过程。行动中的完整的人毫无疑问随着成长彻底改变了，但这只是因为他在不断扩充的各种情感元素之间建立了一套全新的关系与平衡。弗洛伊德和詹姆斯对当下的巨大贡献，是证明了生命体从未摆脱过它们先前的状态；生命的精神现实不仅在于瞬间，而且在于历史。

我所说的可能的成年时期的关键之处，便在于人们会自觉且自如地接受詹姆斯和弗洛伊德所形容的那种成长特性。在这种状态下，病人将不再会由于愧疚而想要抹消过去、创造出一个全新自我，或因此沦为过去的奴隶。因为与成年人接纳新事物、保持自由的能力相伴而生的，是将不自由的早期阶段同样视为他整体的一部分的能力。接受这些过往的碎片，意味着人们不再需要通过反复重温来试图改变它们，这是心理治疗的伟大成就。因为，如此一来，人们就可以自由地活在当下，并于其中收获独特而崭新的体验。

　　成年期不稳定的特性，以及成年人对自身倒退的行为模式的接纳意愿，都意味着接受了生活中的**偶然性**（chance）。不过，接受了情感力量的偶然特性并不意味着人们会变得消极，相反，这延伸了"关注"的力量。

　　在成年人的生活中，这种关心并不是永恒的状态，也并非持续的欲望，而是一种不稳定的性质；随着个人性格的发展，或是个体无法控制的新的社会演进过程，这一性质会发生变化。心理治疗表明，成年人不仅会因无需为周遭世界中的一切负责而感到放松，还会感到自己只能在某些特定的时刻去捍卫他确实在意的特殊事物，而无法总是如此。此外，他也很容易退回过往的行为模式，并因此失去成年特质。故而，在人的生命历程的某个特定的时间点，也就是成年时期，人们一定会自然而然地发展出关心的能力；但这种完整的成年期并不是永恒的、一劳永逸的状态：随着时间的流逝，人们只会意识到自己完整的情感力量有多么脆弱。

　　由此可知，与身体的发育不同，情感的成长并非一个必然的、单向的进程。理解了成年期的不稳定性，我们就能够以一种并不让人感到宽慰的方式，解释一个更为灰暗的现实——那就是平凡的日常生活中为何存在如此之多的痛苦。

　　一个成熟的人承载着他所有的过往，因此，当他不再像一个成年人那样，不再关心他的行为的影响时，更为原始的生命形态的渴望和需求便会再度出现。就其造成的痛苦而言，这种渴望似乎是我们常常在孩童身上看到的无心之恶的表现。对所作所为的影响漠不关心，正是他们天真无邪的一部分；相对地，那些在乎后果的孩子会被认为是更"成熟"的，无论他们的生理年龄多大。

从某种意义上说，青春期的身份塑造能力将这种无心之恶系统化了。个人的注意力集中在找到用以创建统一的自我形象的规则之上，这些规则并不源自社会经验，而是个性的属性与造物。具体说来，青春期的男孩女孩并不认为是过去的经历造就了他现在的性格，因为那些童年时期的体验与他现在的感受并不相符；相反，他所拥有的是自己的衣着、谈吐、喜欢的事物以及对观点的执著。与成年人不同，青少年并不是通过筛选经验获得这些属性的，而是通过有意的争取与同化。在这种自我引导的过程中，人们可能会对一切不适合自己正在构建的身份的事物漠不关心。我们可以从对普通的、心理健康的青少年的记述中找到一些线索。在寻找"理想"情人的过程中，他们体现出一种对情色与爱情关系系统性的不敏感，而所谓的理想情人，如前所述，其实是年轻人渴望成为的理想化的自我。通过对身份的净化，漠不关心成为行动的常规准则。

人们**不可避免地**会经历这种倒退，回归系统性的无动于衷，或是儿童那种更为原始的天真无邪的冷漠。因为成年人的成长是累加而非转型，心理现实中的其他因素总会不断侵扰。**因此，人际关系中的痛苦与混乱注定存在**；这一倒退形式是社会现实的组成部分，永远无法被任何乌托邦式的安排抹消。

青春期的力量——以及那些存在于生命更早期、又在成年时重新出现，并因此为本应理性的成年人的生活带来混乱与复杂性的力量——影响了关心与关注的本质。

成年特质被视为一种对有限的事件的关心，且这种关心并不试图支配或掌控什么。成人般的关心必然意味着人们不会想要占有自己珍视的事物；既然如此，那么我们如何才能对其负责？

身体与道德成熟的时序差异或许能解释这个问题。占有某物会将它带出时间进程，这意味着我们强行夺走了它本来的命运。以成年人的方式负责，是指去维护某人或某物，而不必承担其命运。人们对生命历史中特定而有限的事件投以关注，并同时意识到个人对其所处的世界的看法存在局限——对此时此地的关注，正是这样一种良性的关心。

这一理念的核心是，人际关系中的痛苦与混乱在**任何**社会都是无法避免的。由于某些社会比其他的更可能带来痛苦，"关注"社会中的男男女女也必然意味着关注机会均等以及文化与物质产品的社会共享问题。乌托邦式的政治观点诚然是青涩的，但若在成熟过程中失去了对乌托邦的愿景，这样的人也不配被视为真正步入了成年。

所以，我们或许应该将那句安逸的保守格言反过来说："十八岁时保守情理之中，四十岁时保守却不可原谅。"

记忆

人们会有意识地筛选并记住某些东西并以此界定自己的过去，这是青春期的力量延续至成年的又一种方式。

成年人看待他们记忆中的过往生活史的视角，经过内在的加工：那些在生活中被人们接受并投以关注的特定事件或行为，会唤起一系列记忆，而它们往往以某种次序或关系与现在联结在一起。全面的过往图景与人们当下所关心的具体事物产生了联系，通过这种方式，人们可以保留构建连贯身份所需的线索。例如，一个人可能会记得与父母的一次痛苦的争吵，并感觉那仿佛是此前与他们的一切争吵的集中体现。这就是精神病学家所说的"固化的记忆"（crystallizing memory）。不过，这种记忆的力量并不会让他觉得当下的每场争吵都与自己历历在目的过往经历如出一辙。正如青春期的力量让他学会了如何编织全景式的记忆，成年时期的力量将过去与当下的新事件相互剥离。如此一来，成年人便能够摆脱"执念"（obsession），不会被困在由过往生命历程严格形塑的当下的意义与关切之中。心理治疗师医治这种执念的目标，就是让人在保持身份的规则制定能力的同时驯服这种力量，以使得新的事件与意义能够渗入个体对自身历史的感知。

　　道德上的成年，也就是对密切范围内的具体人物与事件的关注，与这种回忆的能力有关。显然，对这类关心的渴望来说，早年的经历固然是重要的，但在现在却有所不足。在罗洛·梅（Rollo May）等存在主义心理学家看来，这就是创造在生命历程中出现的原因。不过，若想要实现这种自由，人们必须**首先尝试实践**某种更早的欲望并**遭遇失败**，那就是试图刻板地塑造心理社会现实，并从中移除沉重的痛苦。换言之，如果一个人想要对自己生命中的事件获得真实可塑的"历史感知"，他就必须发挥青春期的力量并体验失败。否则，人们会情不自禁地仅凭过去的经历去解释多样化的当下与未来；更为糟糕的可能性是，如果这个年轻人从未能够发挥他青春期的力量，那么他的余生将会萦绕着一种感受，那就是如果曾经自己足够强大，他所遭遇的一切痛苦的现实本来都可以避免。

　　自我心理学家海因茨·哈特曼在他的著作中极好地描述了"记忆中的生命史"（remembered life history）这一曲折的概念。哈特曼认为，个体对生命历史的感知必然会持续变化，因为当下的新事件会使得过去的意义发生转变。同理，新一代的历史学家也都必须根据当下产生的新的意义形态，去重新阐释某种文化的事件。

　　我要强调的是，这种"历史性"的回忆必须在成年时期从青春期的结构性失败中产生；这种自由的馈赠来自一种社会环境，它允许年轻人去尝试兑现他们消除痛苦的梦想，并经历一场建设性的失败。

社会框架

我认为在当今社会中，除了激进的政治领域之外，年轻人并无其他发挥青春期力量的舞台。如果说现在的年轻一代确实看起来比上一代人更激进、更左派，这或许表明他们正在努力地施展一种近来出现在生活中的能力。他们担心自己会永久地留在青春期，这一威胁与越南战争、贫困、征兵等特殊社会问题的共同作用，使这些学生变得愈发激进。

即使在今天，也只有少数年轻人能够为自我的成长打造出脱离政治的社会平台；但激进政治必然是一个有限的领域，它的核心推动力正变得越来越压抑与专制。年轻人面临的社会问题，依然是他们能在哪里找到更大的体验与探索的平台。我认为这是现代城市规划的真正任务。城市的弊病不在于那些机械性的问题，不在于更好的交通、更好的投资，而在于人文方面；它需要为人们提供一个长大成人的空间，并让成年人能够持续参与真正的社会生活。

受限感、关心的体验、与童年及青春期的潜在联系……这一成年阶段的多种元素，被一种社会伦理结合在了一起。青春期产生的净化欲望，是一种道德上的自我奴役与对自由的恐惧。而在成年时期，伴随着频发的偶然情况与不断变化的环境，人们产生了一种特殊的对自由的渴望。

半个世纪前，德国作家马克斯·韦伯试图描述两种对立的社会参与"伦理"，也就是所谓的责任伦理，以及相反的、有关终极道德目标的信念伦理。责任行为总是不纯净的，因为不同的动机和欲望总是令人痛苦地混杂在一起；另一方面，绝对的行为则要求人们为了欲望和行动的纯粹性以及一个"纯洁"的目标而奋斗。我所描述的对净化身份的渴望，显然与这种绝对的伦理类似。这是一种宣泄情绪的途径，它使人们能够梦想一个纯净的、没有痛苦挑战的世界秩序，一个固定的、可信赖的、可预测的秩序。

相比之下，在韦伯的理解中与责任伦理有关的扭曲的行动，更接近人们对无痛身份的梦想检验失败后所呈现出的那种成年状态。因为责任伦理意味着人们所采取的行动是不纯净的，包含各种各样甚至相互冲突的动机。而这就是接纳过去的碎片后的人们面对行为动机的感受。这些行动的多样性让他们感到痛苦：人们发现自己无法使事情回到正轨，无法遵循简单的处理原则，更不可能在内心深处确定自己必须要做什么。这一认知打碎了圣徒或革命空想家自诩的尊严，破坏了体面的社区领袖自以为是的确信，并代之以个人的怀疑。韦伯试图通过责任伦理唤起的正是成年人生活中的自我限制感；他指出，自我限制并不会导致人们厌倦社会情境或从中退缩，相反，它会使人们自愿地投入那种混乱的、无组织的社会体验中去，这种社会体验不会受到那些超越性的目的或道义的干涉。

这种责任伦理包含两个问题：为什么混乱的、痛苦的事件更值得我们去面对？这又为什么是比考虑绝对目的的伦理更"负责任的"？

从成年时期向生命活动更早阶段的倒退能够说明第一个问题。在成年以前的生活中，有意地忽视自己的行为对他人造成的影响是青少年的天性与惯例。无论是在社会主义、资本主义还是封建社会中，这都是人类痛苦的混乱与差异的根源。正是人们应对这种倒退、唤醒对周遭"他者"的认知的尝试，为社会提供了起码的体面与文明。这种应对"他者性"、超越自我定义的边界的尝试，是我设想中成年时期的本质，同样地，我相信这也是韦伯所认为的责任伦理的本质。但这就代表着，成年人之间的交流，或者说一个专注于自己日常生活的人与另一个并不身在其中的人的交流，极有可能充满混乱与不可预测的转折。这种情境本质上是一种探索，而不是超出预定规则的行动。也正因此，无序和痛苦的混乱，是文明社会生活的核心要素。

当韦伯将这种状况描述为一种责任伦理时，他仿佛是在说为了改善社会关系的质量，人们**应当**经历这种事件；这似乎是他们义不容辞的责任。但我认为，韦伯的观点有一重更加个人化的、相对不受义务约束的含义。

这种成年的遭遇，意味着人们会不可避免地受到伤害或迷失方向。但根据常识，人们并不**想要**被伤害或被压垮；会去直面痛苦的事实或情境，也并非出于无止境地鞭策自己的欲望。经受这些不是因为人们渴望被伤害，而是因为他们想从中获得其他一些更令人满意的东西，并且愿意为此承受不可预见的后果。

在我所说的成年时期，人们知道了自己的存在不可能因他人的规划而消灭。试图连贯控制周遭社会空间的失败经历，使成年人意识到了环境对自己的影响也有局限。用约翰·斯图尔特·密尔的话说，就是一个人还没有充分发展出人格，直到他意识到自身的长处与弱点一样都独属于他。关心某件事，或超越自我边界去探索未知事物的行为，其实是重新确认并加强对自我完整人格感知的过程，因为它的核心在于独处（being alone）。这种关心的正当性并不仅仅来自它是人们所共有的东西，也无法以此维系。

成年人的向外探索由此具有了矛盾性。人们开始真正参与社会生活，探索周边的"他者"，以再度确认自己的独特性，也即他身为成人的存在。能够关心自身以外的事物，意味着人拥有了一个独特的自我。正是这种海因茨·哈特曼所说的自我肯定的冲动，创造了人性关怀的条件。

因此，成年人的自主并不意味着孤立。因为他知道自己是一个真实、具体、个人化的存在，他可以自由地关注自己的所作所为对世界的影响。被净化欲望所掌控的人则不然，他们没有关心的能力，对自己行为的影响无动于衷，尤其是在面对压力时。与生活在人类世界中的自主的人不同，他们没有培养出足够强大的自我感知，因此也不具有感知他者的力量，就像编造出"我们"对抗"共产主义者"的神话的美国极端爱国者无法理解越南战争对应征入伍的年轻人所造成的残酷影响。对净化身份的渴望是一种受现状绝对束缚的状态，人们几乎没有用以分析社会如何运作的资源，仅剩的那种强大力量，只能以连贯的符号为中介，将现状转化为笼统、抽象的生活状态。成年人的关心，用韦伯的话来说，是更加负责任的，因为从细节上思考的人会经历未知的社会体验并从中有所发现，而这些发现往往令人无比痛苦。所以，像美国这样的国家是极度幼稚且不负责任的，因为他们的国民对了解自己所发动的战争的后果，抱有极大的恐惧。

从可能的成年到"真实世界"

现在，只有很少的人能够实现成年的生活状态。由于我描述的是一种潜在可能而非实际情况，有关摆脱青春期的净化模式的设想看似是空中楼阁。然而，当今社区生活中的暴力与盲目、空洞的一致性是如此强大且危险，促使我们不得不转而寻求社会生活中的彻底变革。过去二十年间丰裕社会的现实告诉我们，人们所接受的那种社区概念事实上是逃避彼此的方式，而这种逃避会导致奴役与冷漠。为了替代人们如今拥有的社区纽带，一种不同的成人社会必须被建立。

在我设想的成人社会中，建立纽带是困难的。个体之间的关心仅限于对彼此的好奇以及特定的私人关系的发展。这其中没有对人类大爱的期待，也不会有为整体社会所准备的温暖舒适的情感共同体。人与人之间的纽带是碎片化的，且只会存在于具体的、个体化的接触中。

如此不稳定的、持续变化的共同体的存在基础，是人们要感到自己的局限性，要意识到自己会不断改变，不愿意为任何宏大愿景牺牲渺小的自我，也不愿意让自己成为整体。这将是一个充斥着不满甚至孤独的社会，但它会是个真实的社会，人们能够在其中诚实地生活，而非沉浸在无痛的和谐神话里。

我认为这样的社会只能从一个密集的城市各种各样的混乱无序中诞生。只有足够复杂的环境，才能够让成年人生活中错综复杂的可能性充分展开。人类完整的道德天性易变、脆弱且受到各类无序事件的影响，因此，只有一个同样**欢迎**不稳定性的社会，才能够从自身的丰富性中发展出人们超越青春期的成长所需的媒介。但同样重要的是，只有真正混乱的城市生活才能够挑战那种青春期的奴役模式，从而使更多年轻人获得如今仅属于少数的成长机会。对人类发展问题的诊断，因此能够成为未来城市建设的指南。

第六章

城市的良好用途

在青少年成长的阶段，大部分年轻人似乎面临着一种失衡。准备去体验的事物与已经体验过的事物之间的不平衡，使人们寻找一条经验的捷径——去创造有关外部世界样貌的虚构神话。然而，如今大多数的年轻人很难跨越这种青春期，从而迈入此后两个阶段：在一个积极回应的社会环境中尝试推进某种连贯的、没有痛苦的生活愿景，以及当这一无痛神话被生活的复杂性击溃时改变自己的关注点，并改变自己关心的能力。问题在于，成长早期的连贯模式现在或是并未遇到社会阻力，或是陷入了特殊的停滞状态。当代的社区生活在这个意义上是失败的，它没能引导年轻人步入社会环境，并使他们在其中学会人际交往。于是，无论激进、中立还是保守，在这些年轻人生理成年之后，他们依然能够，且确实拥有固定的自我形象，并害怕将其付诸社会的检验。因此，在情感上，他们从未成年。

在我的设想中，通过重建城市生活，这些青春期的模式能够被置于具有挑战性的社会情境下。我认为存在明确可行的方法，可以将城市改造为能够迫使那些连贯性的驱动力受到检验与质疑的人类聚居地。这些城市构造同样能解决某些年龄更大的人的问题，他们退化到了童年或青少年时期，对自身行为对周围人的影响漠不关心。

依照这些准则而建立的城市不仅仅是居民与不同人群相遇的地点，关键在于，它需要让人们应对这些不同之处。他们必须感觉到，外部世界对触及内心的梦想来说至关重要。因此，设计这种人类社区的首要问题，是如何不通过对相似性的感知，让人们融入彼此的生活。

生存型社区的理念

连接人们的社会生活最直接的方式，是让他们必须了解彼此才能生存下去。城市生活中需要存在社会关系，尤其是包含社会冲突、通过面对面接触而产生的关系。经历过差异与冲突导致的分歧，人们会对自己周边的环境有所感知；为了生存，他们需要认识到矛盾的存在，而不能用团结的迷思将它们净化。因此，一个能够推动人们步入成年的社会环境，首先要确保没有人能够躲避对抗与冲突。城市为此提供了难得的舞台。

如前所述，当今城市中的丰裕社区生活使人们能够共同逃避进入成年。若要建立一个迫使人们直面周遭差异的生存型社区

（survival community），城市生活的构建必须发生两点改变：其一是城市官僚的权力范围，其二是城市规划中的秩序概念。

现代政府机构中科层制的标准形态是权力金字塔模式，在组织顶端的少数个体拥有大多数权限，而大量底层工人对基本决策的控制能力日益减少。这一金字塔形态是法国等集中教育体系或美国这种法定福利体系的基础。但现代企业是个例外，它们发现这种金字塔模式往往会适得其反。根据彼得·德鲁克（Peter Drucker）的描述，通用汽车是较早创造出一种更为复杂的科层制形态的公司之一，而许多涉及大规模兼并或股份业务的企业，也不得不发展出类似模式。

在城市规划领域，金字塔模式依然盛行；尽管在美国曾经出现过一些值得注意的重建尝试，但它们都因为缺乏资金而过早失败。然而，为了将城市打造成无论富人穷人都不得不直接与彼此打交道的生存型社区，市政管理机构的形式必须发生改变。

对某些城市功能来说，金字塔型的中心组织能够发挥必要的规模效应。一个警察调度系统比十个更有效，在火灾控制与卫生问题上，一个中央部门也会比许多小部门更好。这类中心组织的问题不在于它们是否应该存在，而是它们应该做些什么。如今的人们对一种技术理念深信不疑，那就是架构越大、它所覆盖的范围就应当越广。这个想法同样源自机器生产力的本质。因此，城市中存在一个强大的中心控制机构，但只完成非常有限且明确的任务，是人们难以接受的设想。想象这种限制的困难之处部分在于，那些传统上希望限制中央权力的人所期待的是公共权力的真空，这样，控制城市私营部门的少数个体便能够取而代之。除了美国之外，几乎所有的发达国家都逐渐意识到了这种"去中心化"的荒谬性。遵循19世纪自由主义路线移除中央权力机构的通常后果，是权力被转移到了普罗大众无法触及的少数个体手中。

创造人们被迫直面彼此的城市，需要重组而非摧毁公共权力。为了制造出关乎生存的遭遇，城市结构需要遵循以下变革规则：警方或任何其他形式的中央权力，不应该干预学校教育、区域划分、城市更新等问题，因为这些城市活动能够通过社区共同行动解决，更重要的是，能够通过直接的、非暴力的冲突解决。在考察了城市结构中需要的第二重变化后，这一抽象概念会变得更加清晰。

如果要让冲突经历充分发展，就需要摧毁自奥斯曼男爵重建巴黎以来占据统治地位的预设，即城市规划应当以整体的秩序和清晰为导向。城市的社会秩序应当被看作是由各种部分组成的，而非基于曾经的机械生产观念，将它视为一个连贯的、可控的整体。对功能分区、发展进程和未入住土地用途的提前规划必须被废除；相反，城市空间的打造应当以满足多样、多变的需求为目标。例如，在一个时期内用作商业场所的区域，在另一个时期应当能够作为生活场所。街区的建造，也绝不代表该地区的社会经济水平与活动要受预先确定的分区原则限制。

禁止预先规划功能空间的重要作用，在于它让城市社区中出现了极大的多样性，也在于它使得任何社会遭遇与冲突都能够存在，并成为社区的本质特征。一旦预先规划的城市空间被取消，这些地方的实际用途就成为人们生活中愈发重要的问题。因为当通过分区预设的用途不再存在，社区的特征便取决于其成员间组成的特定纽带和同盟；社会行动，以及这些行动在社区历史中经年累月的沉淀，将会决定社区的性质。城市社区的预设"图景"并不由规划师的地图决定，它取决于社区中的个体如何与彼此相处。

倡导城市空间不再划定分区、不受集中控制，会促使城市在外观与功能上变得混乱。我认为，相比限制有效社会探索的死气沉沉的预先规划，这种混乱要**好得多**。与其"落实"一个未经检验的功能设计规划，不如让人们成为历史变革的创造者。如果城市空间中的历史元素能够以这种方式重新出现，如果城市的功能开始错位，纷杂的事件接踵而至，混乱的人群比邻而居，那它将会成为对净化身份的渴望最为激烈的试验场。这将以如下方式发生。

生存型社区：一些案例

让我们设想一个能够自由创造其生活模式的社区。这种情况往往出现在那些租金低廉的街区，它们也因此容易吸引年轻人。

如果城市中现行的功能分区被取消，我们同样会在那里发现白人与黑人的蓝领工人，生活贫困的老人，或许还会有一些移民群体和几个小商店老板。由于土地的用途没有被严格划分，任何适配廉价租金的活动都能在此找到——些轻工业，可能有一两家妓院，许多小店、酒吧和廉价的家庭餐馆。

对搬到这里的年轻人来说，当地最突出的特点是居民之间高度的紧张与不安。毫无疑问，这里生机勃勃——它因此引来了简·雅各布斯等城市学家的关注——但此地的生命力，部分来自不同人群之间产生的大量冲突。而且，由于覆盖整个大都会范围的权力控制减弱，警察管控带来的威胁，或者说保障，也会随之消失；因为他们的责任不再是通过镇压越轨行为来维持社区的宁静，而是处理有组织的犯罪或其他类似问题。

放任社区自生自灭，让人们不得不为了生存与彼此打交道，正因此，敌对阵营间必须达成某种不稳定的休战状态，那些相互冲突的利益也不得不由人们自己进行安排。为了参与制定这类停战协议，人们被迫将目光投向对方，哪怕只是为了尽力找到建立某种纽带的基础，无论这种纽带是多么不堪一击且毫无感情。

年轻人在这样的地方会有什么感受？他将与其他所有人一样融入这里的生活，因为除了当地居民外，所有的管控力量都遭到了削弱，尤其是警方的控制。他无法躲避爱尔兰工厂工人，后者讨厌那些"被宠坏的"大学生；他也无法逃离黑人，后者不屑获得青年白人的任何同情。然而，与周围所有人一样，他们只有彼此；这是无可否认的生活现实。如果孩子们深更半夜大声播放唱片，不会有警察过来要求他们关掉录音机——他们再也不管这种事情了。如果路边的酒吧吵得街区里的孩子睡不着觉，那么父母就必须通过抗议或其他非正式手段向老板施压，因为已经没有了全城推行的城市区划法。无论这个城市空间中发生了什么，无论社区变成了什么样子，它都是在当地居民的直接操纵或勉强妥协下产生的。

这样一个社区可能会激励年轻人，但更有可能吓到他，让他想要与其他所有人一样，躲到某个美好、安全、与世无争的地方。但社区极强的多样性让人必须承担责任，除了与生活在附近的人们打交道外，没有任何办法避免自我毁灭。"我生活在此，我是社区生活的一分子"的感受，并不是一种伙伴情谊，更像是所有人为了让冲突处在能够忍受的范围内而齐心协力、同生共死。

因此，作为青少年对净化身份的渴望的核心，逃避痛苦的冲动被置于具体的社会环境之下，而如果人们想要在其中生存，这种冲动将是无法维持的。很难想象一个十八岁的年轻人在突然需要与讨厌大学生的白人劳工或者厌恶白人的黑人和平共处时，能迅速决定自己应该做些什么；为了生存，他会情不自禁地去看周围的一切，去了解他不喜欢或不喜欢他的人与自己的差异。在如此复杂的城市中，年轻人必须成为一个积极活跃的人，而不是信口开河地谈论社会丑恶的空想家。为了生存这一绝对需要，人们必须有所作为并直面人类的差异，这似乎是打破人类对传说般的团结的渴望的合理路径。人们必须对与自己完全不同的群体有足够的认知，才能共同实现暂时的和解。

就这样，年轻人可能会对自己描绘世界图景与个人形象的能力产生不满。生存型社区成为一个抵抗他自身与周围人的净化力量的场所，年轻人能够在此按照自己对安全秩序的渴望行事，并同样在此经历梦想的破灭。

但这些生存型社区也会引导成人式的关注。它们不仅是对青春期的矫正，更开启了一个超越青春期的、更为丰富的生活领域。要了解其中缘由，我们可以探索为何在生存型社区中，社会矛盾的表达不会升级为暴力。

生存型社区与暴力

鉴于回归孩童时期任性、盲目的自私状态是人际关系的通常模式，冲突的因子本就根植于社会生活之中。只有在极少的几个领域，我们能期待人们积极寻求合作。不过，与任何亲密关系类似，将利益冲突、嫉妒情绪、阶级仇恨与种族恐惧释放出来，或许会有助于某些群体关系的维持，并对每个相关的人有所裨益。毕竟，与兄弟般的友爱相比，这类矛盾在每个人的生活中只多不少；然而，我们却让自己的孩子将它们视为可怕的、罪恶的、永远见不得光的秘密。这些冲突与恐惧，尤其是如今的种族恐惧，只有在被允许表达与展示的情况下，才能够社会化。我始终未能理解白人自由派为何能一边自诩为现实主义者，一边告诉自己的孩子黑人与白人之间除了文化偏差外没有任何区别，仿佛这种差别的最终影响无伤大雅。确切地说，恰恰是这些文化差异，需要以最简陋粗糙的方式同时在白人与黑人群体中得到展现。同样地，如果能够在城市中经历有意义的冲突，年轻人将会意识到，像他们之中更为死板的那些人现在所做的那样，去谈论不可协商的需求，是有多么的盲目。正是在这些关系到生存的冲突经历中，人们学会了与敌人对话，学会了去看到自己所反对的事物的侧面。

认为表达敌对情绪会导致暴力，是对现代城市生活可怕的简单化。人们会如此广泛地持有这一观点，或许是因为它为压抑情感提供了正当理由；一旦假定了这些情绪被公开后只会导致混乱，我们就能够对它们视而不见。青春期的人们也有类似的做法，通过将对具体的越轨行为的负罪感转换为某种宽泛得多的自我定义，即"我是个罪人"，行为或感觉本身就不必被当作需要处理的现实。

然而，如果人们没能摆脱这种否定态度，如果人们依然认为应当压制这种群体间的敌意而非鼓励它们的社会表达，那么怒火将继续在城市中燃烧。因为如今的社会中没有任何东西能够调解敌意，人们看到的只有对方具有威胁的形象，而不是真实的外来者本身。通过重组城市官僚机构的权力，这些敌对群体**必须**靠自己创造某种暂时的和平以防止混乱，因此，对抗便会采取更为公开、更不暴力的形式。

当然，这么做的赌注是社会生活本身。但可能性与偶然处境会为新的洞见和对其他零星存在的新理解提供媒介，而这是成年人生活的本质。提前确保安宁的愿望是那种免疫痛苦的梦想的回归，而根据我们这个时代的某些社会革命来看，梦想的最终代价，将是带来极权主义的僵化。

在生存型社区中释放群体间的矛盾，并不像它看上去那样冒险。我认为，某些与青春期到成年期的过渡中最后阶段相关的进程，至少能够确保一定程度的社会和平；因为被卷入不同城市群体的社会冲突网络后，个人发生了变化。

生存型社区与成年

任何大型中心城市都至今保留着许多生活方式的差异，这些差异能够被用来分散冲突，或至少将它们分割。民族、社会阶层和人种并不是单纯的生活条件，而是相互渗透混融的复杂因素。例如，将近几年夏季在美国城市中发生的暴力事件看作"种族"现象，是个普遍的错误认知，因为大多数中产阶级黑人不仅没有参与其中，而且对黑人激进分子充满敌意。然而，考虑到美国城市中社区生活与警力控制的结构，中产与贫困的黑人，从来就不需要就他们的共性与差异同彼此打交道；他们都能够安逸地沉浸于对另一群体所作所为的厌恶之中。但是，一旦他们必须互相对抗，一旦警察停止地毯式的镇压并赋予黑人群体自我控制的责任，这些敌意便会得到表达；为了生存，两个群体都会发现，如果对对方的情况一无所知，他们将无法进一步实现自己的目标。让我们在此基础上继续想象，如果警察拒绝介入黑人与如今感到受其威胁的白人之间，又会发生什么。我认为，暴力事件不会大规模地爆发，相反，人们会发现其中包含太多复杂的情绪，而它们无法通过焚烧商铺抚平。当人们为了生存不得不直面彼此时，求死的本能并不占上风；只有当人们无法运用自己的力量、无法成为真正的人时，他们才会将自己燃烧殆尽，以寻求来自外界的大规模镇压。

换言之，如果我们能够增加城市中对抗与冲突的复杂性，而不是将其极化，那么尚存的攻击情绪将会自发导向最低限度的共生关系。我相信形势并不像看起来那样严峻。因为，如果有太多的复杂性妨碍一个人拥护某些"纯粹而简单"的事物，使他无法实现某些连贯的目标时，这种失败并不会导致社会决心的瓦解，反而恰恰能培养出如今只有少数历经革命冲突的人才拥有的心境。由于失败，人们会想要了解击败自己的那种复杂性；如果一个人为了生存需要知道足够的知识，那么他的好奇心一定能够、也必须被唤醒。

不依赖安全、无痛的秩序的成年人式的关心，便是这么产生的。它的根基是对直接的、富有冲击力的社会世界的好奇与投入，而不是某种超凡脱俗的大爱或对纯净的渴望。法国心理学家乔治·拉帕萨德（George Lapassade）曾经说过，成年时期，人的快乐与痛苦将不再能够分开，因为个人始终要在没有终点的、"未完成的"情境里作出选择。生存型社区的特点正是它们会创造"未完成"的情境，在社会互动发生之前，一切都没有清晰的形式或定义。有意地将社会生存的问题交由人们所采取的混乱的、不纯粹的行动解决，能够培养这些成年人关心与好奇未知事物的能力。考虑到社会心理发展的基本悖论，群体间的生存这一原始问题必须重新出现，才能带来更文明而成熟的生活。

人们多半会产生这样的疑问：这种生存型社区究竟具有什么独属"城市"的特性？作为一种特殊的人类聚居地，城市在这场通向成年的社区运动中起到了什么作用？

城市作为生存型社区

生存型社区能够运转的两大结构性要素，首先是稠密的人口，其次是多元的接触点。它们都在城市居民区达到了顶峰。

第一个条件似乎显而易见。如果要让人们应对复杂到无法控制的环境，那么一个人际关系密切且与世隔绝的小村庄或郊区，是远远不够的。只有当庞大、拥挤的人群聚集在一起时，才能形成真正不可控制的环境。但是，如果这群人除了数量扩大外，行为方式依然与小群体如出一辙呢？城市生活真正保障的恰是这一点，因为当聚集在一处的人数变得相当之大时，人际关系的性质会发生变化。

这看上去比实际情况更明显。事实上，过去二十年里那些将"大众文化"社会与日益城市化的社会混为一谈的作者们忽视了一个事实，那就是战后的城市已经没有那么稠密；尽管让·戈特曼（Jean Gottman）所说的大都市带（megalopolis）中的人口总数增加了，但这些人口分散在一个相当广阔的地区。我们有绝对的理由证明，一个庞大的、人口稠密的城市社会与大众文化社会是截然相反的。

首先，城市中的越轨是可能的，甚至是被鼓励的。根据美国第一位伟大的城市社会学家罗伯特·帕克（Robert Park）的描述，在他那个时代的稠密的城市中，正是因为有太多人挤在一起，警察等中央控制机构才难以同时盯紧所有不同的人，或是通过强制手段控制他们。数量，帕克说，为越轨和怪癖提供了某种掩护。人们不会被注意到，也不会有任何小镇或郊区之中的压力，迫使他们遵循社区的生活模式。此后的研究者从许多方面证明了这一观点。众所周知，相比郊区或小镇，在人口稠密的城市地区，性偏移（sexual deviations）的表达要容易得多，因为人们在这里不会受到细致观察。在历史上，无论是波西米亚风的、民族性的，还是当今年轻人与学生构成的离经叛道的亚文化，在密集的城市地区的存活时间，都比在人口稀少、易于控制的区域长得多。

大型密集社区能够摆脱小型社区中固有控制的第二个原因是其人口的不稳定性。简·雅各布斯和其他流行作家犯下的巨大错误，就是将内城拥挤的少数民族区视作传统上的稳定区域，认为那里的居民通过多年的共同联系，对他们的邻居非常熟悉。从历史与人口统计的角度来看，这不是真的。从古到今，在密集城市中的不同区域以及城市之间，始终存在大量的迁移。雅各布斯发现的温暖联系，是稳定人口以外的因素导致的（我不是在就密集城市中的道德价值与她争论；她只是将其归因于了错误的事实基础）。

城市中人口流动造成的影响远大于郊区那种社区内部的迁移，它能够摧毁严密结构或地方规则对公民的控制力。人们往往将意大利或犹太城市社区想象为封闭的、不可进入的，这是错误的刻板印象，因为其中的居民在持续地四处迁移。这种紧密性更容易出现在白人中产阶级郊区，因为与城市内部任何一个二代移民群体相比，他们家庭流动率都要更低。

稠密聚居的大量人口，为这些生存型社区的运作提供了必需的多样性和不稳定性。但有人可能会提出反对意见，认为这种不稳定性会让人们无法遇到周围的人并与彼此交往。如果我们按照老式的社区行动准则，将"聚集起来"（coming together）理解为普遍的努力和共享的一致性，那这确实是不可能的。但曾经存在于这些少数民族聚居区的那类接触方式表明，稳定与多样化的环境事实上可能会鼓励面对面的联系。

在古老的贫民窟秩序中，与城市中的不同人或群体建立多个接触点是必要的，因为在那个匮乏的年代，没有任何组织有能力自给自足。通过去除集中的社会控制机构，以及取消预先规划的限制性分区，同样的效果能够在今天重现；城市生活中的亲密组织将无法自我维持，个人或家庭必须超越自己的边界才能生存。去中心化在这里产生的效果，是使得多重社会接触成为生存的必需品，而不会导致社区的凝聚。

上述过程是这样发生的。让我们想象一所失去了专门分区和集中管控的城市大学。与哥伦比亚大学、哈佛大学或芝加哥大学类似，该校的学生与教职工生活在一个具有很强异质性的区域，大量对大学抱有敌意的人们与他们混杂而居。但是，与这三所学校不同，我们设想的城市大学并没有征用土地的权力，也没有警力用以保护学生和教职工，且不被允许使用资金收购成片的土地。我认为这样的安排将迫使不同群体互相对抗，并因此让各方必须探索"他者"。为了在紧张局势中共同生存，人们必须试图努力了解彼此的情况。通过这种方式，人们将会开始思考"管理""学生运动""共同体"这类只为方便而虚构的名词之上的事情。在一个不存在压倒性的控制力量来确保生存的社区中，人们必须将彼此当作活生生的人来对待，逃往抽象概念中变得不再现实。共同开展社区生活的复杂性，使得笼统的形象失去了功能，因为具体的男男女女根本不会以它们所预示的方法行事。如果在那种传说般的"我们"与"他们"的层面上行事，忙于每日生计的具体的人们之间将不存在任何联系。如果权力像这样被下放，那么住在同一街区，或在同一区域工作的人们将必须建立起多个接触链。由于人们多种多样，这些纯粹为了生存目的而建立的附属网络将是特定且具体的，而不会被抽象为一个与外界对立的"我们"。

事实上，这样互相调整的过程曾经在纽约一个备受诟病的学区 I.S.201 中出现。在这个项目不得不独立运行的那几周里，受影响的学校的**内部**状况出乎意料地并不暴力。犹太白人教师、黑人教师，以及他们的黑人、波多黎各人及贫困白人学生之间，开始出现一条真正的和解之路。然而，一旦罢工迫使人们与中央权威，也就是教师工会，产生非此即彼的对抗，暴力以及背后的对"我们-他们"的简单划分又再次成为主导。

正如上述学区的案例所示，人口稠密、权力分散的社会条件会促使多元接触成为必须。这一过程印证了刘易斯·科塞

（Lewis Coser）在《社会冲突的功能》(*The Function of Social Conflict*) 中反复推敲的观点，那就是与官僚机构中具有破坏力的冲突相反，面对面的紧张与冲突具有结合力。因为通过表达敌对情绪，或仅仅对他人的行为与感受提供不同意见，会创造出某种双向的承诺。人们是在与彼此打交道，愿意表达自我，而不是私下积攒不满，并将自己与敌人的性格刻画的黑白分明。与城市中不同群体各种各样的接触，会让对抗情绪不断扩散，并让个体不再寄希望于定义一个安全可靠的身份属性或社会空间。这种失败的感觉正是成为成年人的开端，它使个体反过来觉得自己的身份取决于他向外探索的力量。

在这些密集的、多元的社区中，为了生存而进行多重接触的过程，将会打破同质化小群体的思维界限。由于城市空间不会像现在这样被预先规划为分开的单元，而是可以自由地进入或组合，城市的空间体验将无法继续维持诸如家庭、学校、工作、购物、公园或游乐场等等整齐的分类。它们会互相渗透，正如简·雅各布斯在她所居住的密集的纽约内城社区，或罗伯特·帕克在芝加哥一度观察到的那样。不过，如今这种相互渗透将不再只是少数民族工人阶级的地方特色，它同样会成为更为富裕的人群的生活的一部分。人们会在他们的工作场所发现社区的问题、社区的经历以及社区的冲突，而不仅限于自己小小的工作领域中的事务，就像他们在住处也难免会受到各种生活方式的影响一样。如果在城市规划中同时具备了不断增加的人口密度与受限的集中官僚权力，像这样的多重接触空间将为全城范围内的行动提供机会，以直接且个人化的方式采取行动也将成为必须。

我同时构想了这种城市社区生活的指导方针的笼统概况与具体细节。接下来，我将会探讨未来的城市规划中的哪些技术，能够让这种社区生活成为现实。

一些行动建议

本文的基调看似与规划无关：一个不受控制的环境，难道不天然是未被规划的吗？一些社区研究者认为，一旦"制度"被摧毁，多样化的社区就会自然而然地出现；我不同意这种观点。我认为多元的社区无法自发产生，也无法自动维系，它必须被创建与推动。我将以本书所持的批判视角来说明这是为什么。

郊区化进程以及按功能划分城市空间的趋势并不是无端出现的，它们是对城市居民逃避痛苦与混乱的欲望的回应。认为"人"正在竭尽全力对抗"制度"的想法太过于天真，这是在拒绝承认人类成长过程中所有恐惧与怯懦的黑暗因素。更为现实的看法是，人们通过与制度的共谋，安然接受了已知与常规事物的奴役。

此外，在社会维度上，城市生活中的富裕很容易成为这种自愿奴役的帮凶。富裕削弱了共享稀缺物品与服务的需求，并赋予了每一个人购买或掌握日常生活必需品的能力。

考虑到人的发展与城市社区新近历史中的这一倾向，似乎没有什么理由相信单纯通过废除现有的"制度"，就能带来恒久的繁荣。人们有一种与生俱来的冲动，会使他们不断以各种名义重新陷入过往已知的那种奴役。法农等革命思想家充分认识到了这点，而"社区革命者"却依然需要学习。变化必须朝着积极的方向进行。

第一个方向是增加城市地区的可见密度。遗憾的是，如今的高密度居住区全都是按照郊区的模式规划的。诸如纽约的勒弗拉克等大型住宅项目的所有功能，都被整齐地预先标记并分开安排，因此，尽管有许多人住在一起，但他们之间极少会产生未知的、无计划的接触。而如果这些功能混杂起来，那么住房项目的人口密度将能够实现其社会目的。这可以通过一些方法做到。

弗兰克·劳埃德·赖特（Frank Lloyd Wright）曾经说过，高层建筑应当被视作垂直的街道。公共空间应该遍布整幢建筑，而不是将所有会面场所都集中在地面或顶层。他的"一英里高的城市"（Mile-High City）中，包含了这些思想的雏形。

但在历史上，人们已经开发出了一种更为直接、也许也更为实用的方法，来建立城市的可见密度。与伦敦不同，在巴黎或佛罗伦萨等城市中，连栋房屋围绕在大广场周边，这些公共空间为居民提供了绝佳的交往场所。根据阿诺德·祖克（Arnold

Zucker）在《城镇与广场》(*Town and Square*)中的描述，这些地方的人流相当密集，即使以现代的眼光来看也是如此。我们确实知道，例如，带有宽阔广场的连栋房屋街区在设计中的人口密度，几乎是接近于高楼大厦的。然而，与孤独矗立在被锁链围栏隔离开来的小块空地上的大厦相比，连栋房屋包围的广场使人口密度具有了社会意义。人们的反常与癖好能够在这样的环境中存在，因为有太多的人聚集在一起，无法让所有人遵守相同的规范。而如果过去的经验可供参照，那么这些地方的可见密度，会增加人口的流动性。

反过来，这种密集人口的混合要求第二种变化方向：通过人们的共同努力，实现生活、工作、娱乐场所的社会经济整合。在美国，这可以延伸到努力推动种族融合。由于这一想法同时为左翼与右翼所憎恶，我将首先阐明它为何可行，再论证为何这对于恢复真正文明的城市生活是不可或缺的。

重建巴黎时，奥斯曼男爵试图在某些住宅单元中实践这种社会经济一体化。新的公寓单元中既有富人，也有中产阶级和穷人。正如大卫·平克尼（David Pinckney）在有关这一主题的著作中的描述，富人住在低层，中产阶级住在中间，穷人则住在屋顶阁楼。平克尼指出，这一制度运作了很长时间，并为巴黎中心城区的多样性和活力做出了贡献。自奥斯曼时代以来，维系这种住宅建筑形式的努力都零零散散、心不在焉。在美国，政府住房项目中已经出现过几次这样的尝试，但富人与中产阶级或中产阶级与穷人的混合总是极端地倾向其中某一侧，公寓最终的居民的社会经济地位还是分离的。房地产行业的利益相关方一再表示，建筑商必须在私人公寓或房屋的开发中保证这种同质性，因为如果人们不能确保大多数的邻居同自己相似，他们就会感到不适。

这确实没错，但关键在于，如果他们的确感到了不舒服，并开始在生活中经历某种混乱，最终的结果会**更好**。如果这种社会经济融合需要政府的资金支持，那政府应该花这笔钱。再次重申，人类欲望自发的特性不可能引发社会美德。政府确实为某些整合提供了补贴，但它们远远不够，而且几乎没有用于那些人们不得不忍受彼此的存在的生活空间中。

一些美国规划师认为，强制推行这种融合是不人道的，因为阶级混合会同时导致种族的混合，而后者只会带来双方均不乐见的种族冲突。公共住房项目正是这些人指出的惨痛的失败案例。但这一描述是有失偏颇的。据社会学家托马斯·佩蒂格鲁（Thomas Pettigrew）估计，在美国南部以外，有大量社区家家户户都融合在一起，而不是将黑人单独"分区"，且彼此的关系尚且还说得过去。同样地，尽管如今存在白人工人厌恶黑人的刻板印象，但大量市中心的社区是种族融合的，同时包含白人与黑人的工薪阶层。如果将高校暴力事件等作为衡量标准，它们的暴力水平比同质化的白人或黑人工薪阶层社区都要**低**。张力确实存在，但并没有升级为暴力。困难在于，只要人们坚持认为大多数黑人是失业的怪胎，而白人工薪阶层是怀恨在心的专制者，就可以继续心安理得地相信这种种族融合是绝无可能的。

诺曼·波德霍雷茨（Norman Podhoretz）等作家对城市中种族融合可行性提出了一个更为严重的质疑。在《我的以及我们的黑人问题》（My Negro Problem，and Ours）一文中，他指出，互相融合的犹太人产生了强烈的反黑人情绪，而黑人则产生了强烈的反犹情绪，这两个群体最终都陷入了贫困的境地。对于贫困的黑人与白人来说，住房和学校在社会经济上的整合将他们推入那些已然成功或正在崛起的人们之间，这或许只会成为一种不人道的残忍经历。然而，所有关于"城市问题"——也就是本质上关于贫困问题——的流行的刻板印象，都忽视了一个事实，那就是城市中大多数的黑人并非一贫如洗，而是工薪阶层或下层中产阶级。同他们在白人工薪阶层中的竞争对手一样，城市中更为富裕的群体所获得的机会与这些人有**质**的差别。一旦人们越过了贫困线，种族融合便是可行的，相应的社区结构也在已经实践的案例中得到了证明。出于与社会经济整合相同的理由，我认为质的一体化也是必须的。

这些多样元素的混合，提供了城市中的"他者"明显不同的生活方式的素材；而这些差异性的材料，正是人们为了步入成年所需要学习的。不幸的是，这些多样的城市群体如今只能各自退回自身边界之中；由于没有表达的平台，人们只能默默消化对他者的愤怒。通过将他们聚集起来，我们能够提升被表达的冲突的数量，并降低暴力最终爆发的可能性。

黑人社区的组织者一再表示，整合的尝试只会使贫民窟居民的自我意识和自尊心进一步破裂。对贫困线以下的群体来说，这可能是事实。但对大部分已经或将要成为中产阶级的城市黑人来说，我相信，这种文化上的孤立最终只会导致他们与曾经那些兴旺但自我封闭的白人族群一样，陷入同样的无聊与例行公事之中。阶级和财富确实会改变人们的生活。对脱离贫困束缚的人来说，我们需要找到一种积极且促进成长的社区形式，而在我看来，它似乎只可能存在于一种情况之下，那就是各种各样的、具有无法消除的差异的人们聚集在一起，并被迫为了共同生存而与彼此交往。

在这种社区中，民族和种族差异或许最终会被削弱。问题在于，和谐并不会因此达成；对童年自私的回归依然会造成不可避免的破坏。但在人口密集、多样化显著的社区中，由于人们必须同彼此打交道，这种回归能够成为冲突与和解的恒定起点。当今城市生活中存在的种族、民族和经济的阴影地带，可以成为能够产生这种对抗的社区的发源地。

整合使社区变得多样化，随之而来的是城市重新规划中第三个，也是最重要的一个方向：为了使人步入成年，要移除中央官僚机构现有的指示权力。

过去几十年中，社区工作者们提出的最接近于一套社会控制理论的观点，是市政厅应当"去中心化"，并将职能移交给地方社区团体。这类权力下放的实践案例很少，且仅限于黑人聚居区，但它已经产生了某些效果。学校或政府部门中充满敌意的白人员工被替换为了相对友好的黑人。在极少数情况下，这种变化实际意味着街上的人们开始能够同周边环境作斗争，并为如何改变它发愁。但这种权力下放的观点的问题是，它并不包含实质的权力变化，尤其当它被应用于贫民窟之外更广阔而不贫穷的社会时。换言之，地方主义不会改变权力的位置，因此个人必须为自己而行动。毕竟，郊区就是分散的地方权力单位，但在这一层面对居民实施的唯一社区控制，是压制偏差行为，例如有关开放住房、学区划分等问题的争论。

真正将权力"去中心化"，需要改变社区控制的本质，也就是要拒绝调节冲突；这样，个人才不得不在多元的社会环境中与周围的人打交道。例如，应当严令禁止警察管控大多数的城市骚乱；在社区事务中维持和平的责任应当由参与者自己承担。由于如今的人们在表达矛盾上是如此的单纯且不熟练，他们只会认为这些混乱将要上升为暴力。除非这些人能够通过经验了解到处理冲突是自己必须应对的事务，而不能移交给警察，否则将矛盾极化并升格为暴力会成为他们唯一的选择。这对那些期待警察报复自己的人，例如好战的学生小群体，和叫来"站在他们那边"的警察的那些人来说，都是一样的道理。

在相对不那么极端的维度上，如果社区学校或委员会只是沿用中央政府定下的支出原则，那么投向社区学校或市政改善的资金将是毫无意义的。这些钱如何以及为何要使用，应当是受其影响的人们要决定的事务。在前一种情况下，中央权力在"去中心化"的名义下继续保留；而在后一种情况下，权力的性质真正发生了变化。

我们还需要探索一个中央集权的国家机器该如何与去中心化的末端共存。在本质上下放权力，完全不代表税收、消防与警察、健康与福利等集中资源应当被摧毁。倡导这些的社区领袖犯了一个错误：有害的不是中央集权结构的**存在本身**，而是这些结构极易导向机器般的用途。可以想见，通过社会实验，我们能够学会如何分配集中的资源，才能创造去中心化的、不受控制的社会环境。齐美尔写道，官僚机构的本质是它们的用途；这些非人格化的结构只有在它们自身被视为目的时才会腐坏，也就是当对它们来说最有效的运作方式，被视为社会本身应当遵循的样本时。通过打破这种机器形象，并移除庞大的官僚机构管束冲突的权力，我们或许能使它们获得有助于创造而非遏制多元与混乱的新功能。

以上这些主张中提到的丰富城市社区的密度、多样性和权

力关系的做法，通常会造成高度的紧张。这不是一种压抑的地方
主义，也就是赫伯特·甘斯所说的"城市村庄"（urban village）；
相反，它会创造出一种需要，使人们感到随着时间的推移，他们
必须与不断变化的人群打交道、处理不断变化的问题，以保证日
常生活的持续。我并不认为这些经历中会有什么愉快的交流，相
反，这更像是一种必须保持联系、必须参与社会世界的感觉。

　　这种无序、不稳定、直接的社会生活，会导致城市本身以及
社会环境中的个体发生结构性变化。

新型城市机构

　　依照这些原则建立的无序的城市，至少会导致三种制度变
化。首先，作为城市规划者与领导者的活跃人口数量将大幅增
加。第二，政治"形象"或个性，将成为官员选举时一个不那么
重要的因素。第三，也是最重要的一点，是家庭的紧密程度将会
被极大削弱。

　　前两个变化相当显而易见。规划的"专家"将由那些对城市
中特定时间、特定地点发生的问题有所了解的民众担任，而不是
坐在中央办公室里绘制新都市"整体"地图的人。专家资格来自
他们的社区经验以及在其中有效行动的能力。与我们曾经在20
世纪60年代许多社区发展项目中的天真看法不同，这并不意味
着一个人仅仅因为自己住在那里，就能够成为某个地方的专家。

但这确实意味着旧的职业界限被打破了，那些从经验和此前的培训中获得了处理特殊情况的特殊才能的人，将有机会应用它们。如今的筛选机制过滤掉了这些有能力的人，因为规划的目标是一个据称包含了所有特殊性的抽象整体。例如，一个房地产经纪人可能对大城市中的某一小块分区了如指掌，但并不是整个城市的专家，相比于一个在城市整体范围内考虑增长平衡、大都会发展等等抽象概念的管理人员，他被市政厅咨询的可能性就小得多。诚然，后者拥有更大的经济实力，但在社会层面，他的有效性和实用性事实上可能远不及那位处理特定社区事务的小人物。

换言之，个体在城市生活中感受到的自己的社会重要性，在某种程度上削弱了城市规划中的统一性。更多的人参与了进来，但他们产生的成果是互相冲突的，并不能合成一幅令人满意的城市整体图景。

对那些信奉"进步"的城市改革理念的人来说，这会带来令人不安的政治结果。权力下放会导致政治集团的形成，正如世纪之交城市权力严重分散时那样。我相信这种情况会再次发生，不过那个时代的个人贪污不一定会重现。人们将会依据政治领导人回应并履行对多元社区和群体的承诺的程度对他们作出评估。莫伊尼汉富有智慧地发现，克里斯玛型的领导"形象"吸引的是那些在城市事务中相对消极的人。而当人们变得活跃时，由于清楚地知道自己对行动的需求和愿望，他们会通过有效的关系网络来评估政治力量。大多数老派的集团政治家显然没有光鲜的穿着和利落的谈吐，但他们能够很好地回应这类具体问题。

这个设想听着令人反感，或许是当今在位的那些集团政治领袖的缘故。但他们之所以拥有压迫性的权力，恰恰是因为这些人控制了中央集权的官僚机构，并为己所用。通过切分这些机构的权力，像现任芝加哥市长这样的政客将被迫回归更为温和、更不独裁的模式：一种非克里斯玛型的模式，因为他们意识到自己的权力取决于分配国家利益的妥善程度。城市政治家将成为"中间人"，而不是光鲜亮丽的领导者；如果他们能将国家税收与强制力降低到一定水平，使其能够为社区制定自身的生存规则提供资源，这些政治家便是成功的。

这听起来是个空想，但它的危险性比如今在每个选举日都要提及的那种乌托邦小得多——人们被告知要投票给一个净化的救世主，这位克里斯玛型的领袖将会恢复一切体面与秩序。投票的人认为权力下放只是幻想，这并非出于利益或信念，而是出于一种渴望；他们期待一名纯洁的领袖来"拯救"自己，"拯救"城市、州或者国家。

依照这些原则重组的城市影响最深的是家庭。密集、无序的城市会挑战家庭团体作为严密的庇护所与多样性的屏障的能力。因为这些城市空间的全部目的是为个体创造出一种需求感，让他觉得必须要参与自己小小日常惯例之外的社会情境，才能与周围的人共同生存。在这种情况下，家庭是更大社会的一个可预测缩影的幻觉很难维持，因为个体的生存考量中将会持续涌入新的问题。同样，人们也很难继续相信所有家庭成员在经验理解上都是平等的。显然，在这样的环境中，不仅只有**成年人**会被拖入与自己的孩子不同的经历中，他们的孩子也不可避免地会拥有与父母不同的经验圈。代际矛盾诚然是生命周期中难以弥合的问题，但它会带来何种程度的痛苦与被抛弃感不仅取决于其中的个体，同样取决于社会环境。如果个体在自己的生活中实际经历着持续的社会变化，他或许能够更为从容地承受代际更替带来的难以避免的混乱。

家庭的首要地位受到多元社会接触的挑战越多，家庭本身就会变得越强大。这种力量并不是对外界的抵抗，而恰恰是受复杂的外部世界限制的结果。正如我试图说明的那样，富裕的城市家庭经历着一种特殊的混乱，因为它们承担了过多功能。这些家庭是扭曲的，人们期待它为各种各样的社会活动提供准则，而自然情况下，这些活动并不会发生在家庭内部。如果因为个体**必须**另寻他处确保社会生活的存续，这些过分的压力将会被去除，家庭团体本身也将会更令人满意。例如，当今美国大多数城市中的富裕的夫妻，是在刚刚达到法定成年年龄或之前结婚的。只有少数人在从过去的家庭生活过渡到新的家庭责任时，为自己留下了喘息的空间。如果城市的建设能够使得年轻人在进入成年的时候被引向多个方向，让他们关注到不同的兴趣领域，那他们或许会燃起过一阵子再安定下来的愿望。换言之，人们或许能逐渐学会要等到自己成为成年人、拥有了独立的自由经验之后，再向他人许下承诺。用阿尔弗雷德·阿德勒（Alfred Adler）话说，就是人要学会独处，以获得共处的力量。学会独处并不是孤立发生的事件：诸如密集无序的城市这样的环境，能够促进它的发展并带来积极收获。

通过城市居民赖以生存的广泛社会接触网络，亲密的家庭生活与外部世界冷漠的功能性运转之间的两极分化将被消除。城市社会的冲突造成的对抗网络与家庭团体不同，它的特征与组成人员将会持续不断地变动。这听起来像是要将一种无政府状态带入城市，并将其视为积极的原则——这正是我的打算，但这种无政府主义，将会以过去那些作家们未曾设想过的形式存在。

第七章

作为无政府系统的城市

19 世纪末，有一小群人自称为了"无政府主义"，发动了一系列暗杀、炸弹袭击和其他恐怖行动。这些事件的后果是无政府主义成为各国政府明令禁止的学说，无政府主义者则成为法律眼中的罪犯。无政府主义的字面意思是"没有政府"或"没有控制"（an-archy）。由于特殊原因，在 19 世纪末期，它成了暴力和恐怖组织的代名词。

E·H·卡尔（E.H.Carr）指出，19 世纪的无政府主义是一种社会批判，而不是社会重建的计划。这一构想的目的是为了纠正新兴的工业秩序，无政府主义者本人也难以想象在无政府的社会中，生活应该如何存续。因此，尽管工业秩序的僵化和不公正为无政府主义者提供了有力的理由来证明自己反对什么，他们的思想却无法让人知道自己真正在为什么而战。但马克思主义者的学说做到了这点。

无政府主义者与马克思主义者最初是同一个新兴运动的一分

子。被许多人视作第一个无政府主义者的蒲鲁东（Proudhon），自认为是社会主义的信徒；他对公正处理社会事务的"联邦制"构想，很难说是一个没有政府的生活规划。但随着无政府主义思想的成熟，随着混乱的事实本身成为对生产者的挑战，无政府主义者开始同以第一国际为代表的马克思主义社会主义者分道扬镳，逐渐远离了对纪律和内部结构的探索。俄罗斯的巴枯宁（Bakunin）是背离有组织的社会主义的典型代表，他是个情绪激烈的、孩子气的反叛者，对周围残酷暴行的愤怒成为他支撑自我的精神状态，而不是尝试改变社会的出发点。

我认为无政府主义者视野的局限，以及他们所持的静止不变的反对态度，是导致他们在世纪末走向暴力与恐怖主义的原因。这些人并不知道在推翻不公正后应当建立什么，因此会自然而然地将反对行为本身视作一种道德。反对的过程越有力，这一事件就越完整，净化效果也就越强。与马克思主义者不同，如果他们的主张只有说"不"本身，那么这种声明必须是翻天覆地的，它必须意味着一切。这就是著名的无政府主义与工团主义作家乔治·索雷尔（George Sorel）走上的道路，并使他将暴力视作社会中伟大的清洗与净化行为。这一暴力的宣泄是如此猛烈，以至于此后发生的事件都显得微不足道了。

本书迄今为止提出的城市中的无政府状态，与19世纪无政府运动最终导向的对暴力的神圣化，是本质相反的。因为我试图探索在摆脱经济不公、变得富裕之后，社会应当成为什么样子。现在我相信，无序是利用现代的财富与丰裕的持久方式；在丰富的城市生活中，这种无政府状态将会减少对暴力的需求，而不会理想化对暴力的渴望。

19 世纪的无政府主义者描述的后革命社会的结构，是与密集多元的城市相对立的。对蒲鲁东等人来说，巴黎公社最大的优点之一，是它的小团体特征和紧密性。卡尔指出，在巴枯宁和他的同胞克鲁泡特金（Kropotkin）的思想中同样具有这种对小型亲密共同体的渴求，后者回望了中世纪晚期的乡村社区。在暴力颠覆带来的灾难性的社会清洗之后，留下一小群紧密团结的信徒——这同样是法农今日的梦想。但这是个注定衰落的千年之计，因为这样的小型共同体会促使团结的欲望蓬勃发展，而这些愿望又会反过来压制对生活方式与信念的开创性、破坏性的创新。

与同时代的无政府主义者不同，马克思设想了后革命时期的社会形态，以及使得无序、恒定的变化和持续扩大的多样性成为其特征的机制。但他认为，一旦经济不公平得到解决，这些东西便会自动到来。马克思拒绝探讨某种可能的假设，那就是僵化的秩序、对变化的恐惧和对同一性的渴望是人类与生俱来的特质，更是由人类的成长过程所产生的。从另一个角度来看，这是他对人类基本尊严的信仰的体现。但他对自然的解放的希望，根据此后的心理学研究进程和那些富裕起来的"解放的国家"的经历来看，似乎是再也无法实现了。无论革命前后，在丰裕社会中，真正的问题在于如何鼓励人们放弃他们心底对受惯例舒适奴役的自然渴望。城市能够提供这种激励，因为它们被有意设计的密集、去中心化且无序。

但由此产生的问题是，这样的城市要如何作为社会系统存续？一个无政府的环境是持久因而稳定的，这种说法难道不是自相矛盾的吗？此外，面对这种混乱，人们难道不会逐渐放弃，并再度回归过去那种更为舒适的奴役生活吗？

丰裕的社会可能

现代社会中的技术应用为人们描绘了秩序——由被动的代理人执行行动的秩序——的连贯形象。它类似一种机器，一旦其中某一部件或操作偏离了预定用途，整个机器便会失灵并停止运转。通常的城市规划便是以这种大都会的、"系统"的模式展开的，它源自机器生产力的模型。

对技术的这种印象忽略了它真正的、人道的社会用途，这一用途使人们为了步入成年所必须的社会无组织系统成为可能。现代工业的生产能力已经从技术上超越了社会存续的需要，因此，与经济匮乏的情况相比，如今产生的冲突范围更大、复杂性更高。工会罢工就是一个很好的例子。在那些援助罢工基金和个人收入都很发达的繁荣的经济部门，罢工的出现并不意味着矛盾到了不是工人饿死、就是公司破产的境地；富裕能够在一定程度上为冲突兜底。这样的经济物质基础，使社会矛盾不必升级为相关各方之间的生死斗争。

社会学家通常将这种由群体冲突导致的经济灾难的底线保障，视作社会团结和文化一致性出现的标志。其假设是冲突的激烈程度越低，对冲突的渴望和需求就越少。这完全没抓住要点。经济兜底是技术带来的富裕的结果，它实际上会导致**更大**范围的冲突，因为与稀缺社会相比，如今的群体矛盾不再有激化到你死我活的程度的风险。

美国过去十年的社会规划中最受嘲讽也最令人恐惧的创新之一，是联邦政府为地方团体设立了基金，用以向市政厅或州政府施压。如果资金充足，该计划将会产生巨大的创造性影响，因为这些分散的团体只会将政府的财政收入用于争取他们想要的项目。有了基金保障，他们也不必为了经济问题与市政厅斗争；团体的存续并不取决于他们所资助的特定项目的成败。地方组织不需要为了生存而受固定的意识形态或功能束缚，它们可以独立存在。因此，它们能够自由地发展或改变方向。丰裕社会的特点在于它拥有足够的资金来为彼此冲突的群体创造这种经济保障。与用于非生产性军事活动的巨额开支相比，这些钱并不算多。由于存在这种底线保障，针对特定问题的冲突不会升级到双方不死不休的程度，组织的目标和计划将会获得极大的内部灵活性。

因此，通过对技术带来的丰裕的恰当运用，我们能获得一种与在过去的稀缺经济中**不同的**生存的社会观念。生存，是指通过具体的行动，改变对立个人或群体的行为：马克思所说的取决于物质参照的生存观念，并不会影响上述经验互动。这样，马克思有关后革命时期无政府状态的观点，便与此处设想的无政府的城市产生了关联。

为实现社会目的，像美国或欧洲工会组织那样，间歇性地向当地社区组织提供充足资金，是保证混乱关系与冲突群体持续存在的一种可行方式。与稀缺时期的冲突不同，现在的生存关乎人们能否与彼此沟通，而不是他们能否活着。我不得不再次提到马克思：他认为在丰裕社会中，永久的混乱是有可能的，因为生存依靠的是社会行为和经验，而不是对物质的野蛮占有。

但还有另一个原因决定了混乱的城市能够长久存在。这个理由与马克思的理论无关。

直接的侵犯行为带来的稳定

攻击性情绪（aggressive feelings）在人们的生活中天然存在，但侵犯行为（aggression）本身是一种鲜为人知的现象。心理学家和人类学家围绕"为什么人类的攻击性比其他动物高得多"这一问题产生过激烈争论。一些研究者认为侵犯行为是挫折导致的，因此会随个体经历以各自的方式发展；另一些则认为这是一种本能反应，在拥有任何特定经历前便已经存在于人们的心智结构中。无论起源如何，侵犯行为在人们社会活动中的重要性是毋庸置疑的。

现代富裕社区的构造使得基本的侵犯行为没有暴力之外的第二条出路。由于社会秩序会为社会角色预设他们应当扮演的功能形象以确保社会整体的运转，因此，人们的侵犯行为往好里说是对社区正常运作的干扰，往坏里说就是对"达成成就"这一根本理念的威胁。"化解攻击性"，被认为是进一步的集体行动的必要前提。

但是，如果侵犯行为是深深刻印在人们生活之中的，那么一个将其爆发视为妨碍而非严肃的人类经验的社会，是在自我逃避。某一社会思想流派认为，那些试图控制侵犯行为的现代观念，比如将它们从原始目标引向更易于社会管理的那些，实际上是在助长某种情绪的累积，而这些情绪，有可能突然爆发为无缘无故的暴力行为。

这种暴力发生途径最为清晰的例子，是现代城市中警察的压力。人们期待警方官员能够摒除敌对情绪，对针对他们的嘲笑与攻击不作反应，并在根据既定规则、对难以管束或暴力的执法对象强制执法时保持消极态度。如今，有各式各样的理论在解释警察的骚乱，从种族仇恨到"工人阶级威权主义"不一而足；可是，用最简单的人类语言来说，这种必须作出消极回应的命令会对这些人产生可怕的影响，又有什么奇怪的呢？在体制中不得不压抑的攻击情绪将会持续累积，并在人们必须宣泄自我时爆发，导致无差别的残暴行为。一个将对混乱的合法回应视为不近人情的消极强迫的社会，只可能引发如此可怕的警察骚乱。我相信，在这种情况下，任何属于"法律与秩序"的官员都无法保持自己的体面，因为他被认为是一个主持正义的消极"工具"，一个正义机器。

但在一个人口稠密的城市中，权力发生了改变。人们被迫以个体身份与彼此交往，而不是作为计划好的秩序的一部分；冲突中的攻击与对抗情绪，也能够直接指向挑衅的对象。受制于怯懦的安全观念的我们，认为直接表达敌意只会导致残忍行为的爆发。但是，举例而言，尽管在用于精神治疗的锡南浓游戏（Synanon games）的"攻击"环节中，人们被鼓励表达对彼此的敌意，这类直接对抗实验也几乎不会引发斗殴。原因很简单：人们没必要这么做。一旦感受到了敌对情绪，它就应当被积极表达，而不是任由其恶化或滋长。

有人说美国和西欧的城市正在变得愈发暴力，奥斯卡·汉德林（Oscar Handlin）等作者怀疑这一断言在历史上是否正确——如今的暴力犯罪并不比过去的更严重，在这一点上，后者或许是对的。但现在，发生"非理性犯罪"，也就是没有目标、未受挑衅的暴力的可能性非常大。其原因在于社会要求社区生活保持过多的秩序与连贯性，从而使得人们无法释放攻击性的情绪，却又无法控制地感受到它们。

新型的无政府城市承诺会为人们现在害怕直接表现的东西提供一个出口。如此一来，城市社区的结构将呈现出某种稳定性，并提供有效渠道、支撑人们持续的表达。城市中的无政府状态，能够迫使人们说出对彼此的看法，从而形成相互兼容的生存方式。这并非妥协，而是一种完全不同的生活方式，它意味着人们将不再被困于秩序与暴力的两极之间。

人们为何想要新城市

迄今为止，我们已经讨论了为何改变我们这个时代的城市将对社会有益，以及随着时间进程，这样的良好城市为何能够独立发展。但仍然有一个问题未得到回答：为什么人们**愿意**改变自己的生活，住进这种麻烦的城市？换言之，我们要如何说服那些颇为成功地将自己隔绝在郊区温暖、舒适的庇护所中，或安于民族、种族与阶级隔离现状的人们，为了令人恐惧的共同生存状况，放弃这些避难所是值得的。

在探索这些个人愿望的过程中，类似的城市研究正在深入一度属于道德哲学与神学的领域。事实上，如今的社会研究正试图定义好的与坏的生活目标，以及理想的身份认同形式。社会已经超越了向神圣权威寻求坚定而不可动摇的答案的阶段，但这些问题依然存在，尽管它们杂乱无章，且拒绝被数字或定量的方法精确剖析：为什么人们应当追求一种更好的公共生活，如果现在的已经足够舒适？

这个问题的直接答案或许是，人们最终会想要这样的新城市，因为它能够建立一个更加公正、更富同情的社会秩序。这正是基督教信仰的伟大动机——那就是人们将会追寻一个自己从未经历过的美好结局——但我认为这种信仰也是一个巨大的幻觉。如果人们圣洁到能够回应这等请求，那么不诚实与自私从来就不该成为问题。事实上，那些复杂的、令人应接不暇的城市，并不会真的让人们**自觉**成为一个好人。

一个无政府的生存性社区，并不会让每个人意识到自己正在或正学着去关心：他那么做是为了生存，不是为了做个好人。这成了当代道德与过往宗教道德之间的鸿沟。正如韦伯所言，为了善本身而行善的提倡，已经发展到了自以为是的、偏执的境地，因此，现代的伦理体系必须从行动者未曾意识到的社会环境中创造出某种伦理条件，以寻求一种"更好的"道德状态。在我看来，从社会结构中寻找道德情境，要比期待人们性情大变更为诚恳，也比相信每个人此后都将永远行善更为真实。人类过于脆弱，善行也太容易堕落。

在陀思妥耶夫斯基后期的小说中，他给出了以这种方式看待道德欲望的另一个理由。他甚至认为，如果一个人有意识地做出善举，他就不可能成为一个好人；陀思妥耶夫斯基指出，当人们感知到了自己慷慨的、自发的付出，它便成为一种沾沾自喜的克己行为。然而，在他后期的小说中，所有真正意义上的好人——米什金王子、阿廖沙、玛利亚——都没能活下来；他们被自己的善良撕裂，因为没有其他的力量能支撑他们的生活。这些真正的好人是没有自我意识的存在，他们完全寄托于他人之上并深陷其中，最终导致自身被周围人的复杂性摧毁。

但在我们创造的城市的现实生活中，这些人物的命运可以被改变。在这些城市中，人们必须拥有一定的自我意识，他们将不断反思自己的哪些特点不适应身处的社会世界，他们自己与周围人的生活之间有哪些部分能够调和，哪些部分又无法调和。如果想要生存，他们不能没有自我意识；不过，就像陀思妥耶夫斯基描绘的那些好人一般，他们不会意识到自己的所作所为是善良的。对那些努力理解彼此以求生存的人们来说，善良与否无关紧要。

例如，我们可以假设这样一个日常情境：一个人想要在社区的某个地方建造商铺，但这个位置会占据孩子们玩耍的空地。这个顽固的商人拒绝为此妥协，而由于没有中央管控，邻居便成了遏制他的唯一力量。他们必须开始一场漫长的威胁、哄骗与骚扰，以最终让商人答应另寻一处更能被社会接受的店址。但对适应这些城市中的新角色的人们来说，通过组织抗议、拉警戒线等手段施加压力，很难说是什么令人满意的滋润差事；他们在事实上为社区做了些好事，并不意味着他们喜欢与那些故意无视周围需求的人进行实质性的争吵。正如陀思妥耶夫斯基所说，善举的实质是，做个好人并不会带来快乐。

那么，人们如何才会愿意忍受更文明的秩序所带来的痛苦过程呢？我认为，驱使人们投入这种新局面的力量，是一种特殊的现代的无聊。

过去十年间，在脑内或行动中追求一种新的"共同体"感觉的人们，大多来自富裕的郊区。他们对自己成长的地方的态度鲜明且简单：郊区是无聊的，没有生活也没有惊喜，等等。这些抱怨都是老生常谈了。重要的是，这一代人中的很大一部分，已经从过去的无聊中幡然醒悟，并决意找到某些更好的东西。这些年轻人不再顺从，他们想要积极地创造新事物。

从年轻人如今居住和想要居住的地方中，我们可以看到这种对新社区的探索。在有房可住的情况下，越来越多年轻人的父母在孩子长大离家后重新搬回了市中心，这种现象已经出现了一段时间。但同样引人注目的是，许多年轻人开始向市中心迁移。尽管仍是少数，但越来越多的年轻人在需要承担家庭责任或抚养孩子时，拒绝长途跋涉至郊区，而是寻找留在市中心的方法；因为他们想要更为"丰富"的社会生活，而这是郊区无法提供的。诚然，这一代大多数已婚的年轻人已经搬进了自己的郊区住宅，同上一代人如出一辙。但更为活跃、更为朝气蓬勃的一小部分摒弃了以往的模式，且这部分人的数量比过去多得多。这些年轻人拒绝无聊，拒绝接受他们成长中经历的那种死气沉沉的安全感。

我希望，这种对以往的简单化的积极排斥，能够使成长于富裕中的这一代人接受并渴望复杂、无序的居住环境。这一代人对父母编织的安全茧房的那种"强烈拒斥"，或许是当今人们愿意忍受无政府的城市环境中可能的无序与混乱的原因。

然而，这种无聊是相当奇怪的。大多数动物都能很好地遵循本能的规律生活；在农业和前工业化时代，尽管生活艰难、节奏固定，很少有人会感到厌倦。安全、富裕的生活日常的特殊之处在于，它并不是由于生存的需要，为了适应环境或其他种群成员而产生的。相反，它产生的原因是人们想要通过连贯的日常生活来避免与他人交往。安全、连贯的社区没有使人们全方位接触各种社会经验的可能性，反而阻断了能够进入生活的人性资料的数量，因为这样就不会出现任何的不和谐，也不会出现任何的生存问题。

用埃里希·弗洛姆的话说，正是这种"对自由的逃避"，最终使人意识到无聊；他会意识到自己正在窒息，尽管他可能拒绝直面窒息的原因。从这种躲避中产生出无聊，是相当自然的过程，因为正如尼采所说，这是每个人内在的东西为了被听见所发出的声响。

如果能够一步一步改变社会情境，并最终建立一个能够自由表达人类多样性的社会环境，我相信这种"人内在的东西"（creature in the man）将在其中占据主导地位，因为人们厌倦了通过不必要的行动来确保自己的安全。新一代中产阶级感受到的无聊，体现了他们尚未开发的、对多样性的隐藏渴望。一旦这种隐藏渴望获得了表达空间，一旦城市回应了人类的需求，那么如今人们所经历着的对日常惯例的倦怠，将成为一种自觉的力量，促使人们一步一步接触社会的多样性。随后，人们之间的差异应当如何共存的问题将不可避免地出现，而这些人也将会参与到我所设想的城市发展过程中去。

在富裕中成长的年轻人拒绝接受日常惯例，这是一种独特的情感突破，它与在匮乏或贫穷条件下的传统模式截然不同。因为在困难时期，遵循常规的行为能显示出真正的尊严，拒绝接受惯例则仿佛是被宠坏的孩子的表现。但这种性情并不适应现代社会的大部分进程。当人们拥有足够的经济基础时，富裕生活中的日常惯例看起来——也确实——是**不必要**的。新闻界对代沟问题的呼喊唯一有道理的地方，就是老年人不了解年轻人对当前现实的看法；他们忘记了年轻人从未领教过匮乏的危害，而这种匮乏却让这些长辈们自己将舒适与安全视为确保人性尊严的生活目标。

因为富裕能够带来冲突表达的巨大自由；因为存在既满足人

类表达攻击性的欲望，又不造成两败俱伤结果的可能性；因为目前富裕的通常用途所带来的逃避的惯例，对生长于其中的人们来说是如此令人厌恶，我敢于去设想一个超越乌托邦式空想的无政府的城市。它或许是当前社会生活的一个可行的替代方案。如今富裕生活的形式，对那些理应享受它的人来说，正在成为无法忍受的负担。也就是说，即使我们暂且不谈在西欧与北美的大部分地区，财富的分配方式有多么不公平，甚至那些拥有财富的人，也并没有学会将它们用于人道的目的。与马尔库塞不同，我相信，在一个可行的、持久的、无政府的社会中，富裕能够被用于良好的目标。我相信，富裕社区目前带给年轻人的反感与焦虑会为他们做足准备，这一代人将会去探索人类的未知，并为了保持活力，接受自己受到伤害的可能性。

第八章

结论：无序中的平凡生活

本书比较了现实的社会与可能的社会。一方面，富裕城市中的制度孕育出的生活模式会将人们困在青春期，即使他们在生理上已经成年；另一方面，若富裕条件和密集、无序的城市结构并存，则或许能够激励人们充分成长，并对彼此更为体贴。我相信这个可能的社会并不是乌托邦式的理想，而是对社会资料更好的安排；这些资料如今的组织方式正在使人窒息。

但想象一场社会变革的感受和效果是非常困难的。人们只对亲身经历过的事件有所体会，这让谈论社会变革显得抽象且不真实。我认为，结束本书的恰当方式便是通过传递某种印象，让人们了解这样的无政府城市将会如何影响平凡的生活和日常问题。

让我们想象一个聪慧的年轻女孩在无政府的城市环境中会怎样成长。她可能住在一个城市广场上，周边的餐馆、商店错落分布于邻居的房子之间。她和其他孩子不在干净、空旷的草坪上玩耍，而是跑到人群之中，无论这些人是正在街区里工作、购物，还是做着与她全无关系的事。同样，她的父母和邻居的交往也不以孩子们为中心；有更多混乱的议题需要在社区会议中解决，比如如何控制一间吵闹的酒吧。社区密集而拥挤，因此个人的偏好与风格可以得到自由表达，而由于社区人员持续变化，女孩的父母时常外出，去看看他们的邻居是谁，以便了解在发生冲突时该如何化解。沿街住着的一户黑人夫妇觉得女孩对自己的孩子很苛刻，而女孩觉得对方有时同样如此，两家人都无法对彼此视而不见。他们在物理空间上待在一起，能够使他们分开的外在因素，例如同质化的学区，也并不存在。

事实上，社区内的学校是父母间发生冲突与和解的集中场所。学校受社区控制，但如此多元的社区使它无法被推向任何单一方向。例如，学区中的家庭有权制定学校的道德与宗教政策，但在这些城市中，天主教徒、新教徒和犹太人混杂而居，人们必须就道德教育与圣经训练达成一致。新群体会不断搬入社区，这些有着特殊背景和兴趣的人们坚称他们有权决定子女所受的教育，因此，学校的规则也会持续变化。

但在这个小女孩看来，社区或学校中出现的矛盾或友谊都是短暂且不稳定的，它们不会引起混乱。她意识到，周围成年人与她自己的朋友圈中，存在着一种无序的均衡。人们并不为彼此提供庇护，他们的交往更像是对不断变化的环境的探索，而不是在执行一成不变的例行公事。

因此，这个小女孩成长的社区不允许她形成紧密的、向内收缩的家庭或朋友圈。这一事实对她来说是一种解放性的力量，因为她是个格外聪明的孩子；在学校里，真正的友谊与熟人关系复杂地交织在一起，聪明得"与众不同"不会再成为其他孩子对她施压的理由。在郊区，由于排除了社会经济背景的差异，这种压力经常出现，并对儿童的发展造成悲剧性的影响。但在这个小女孩就读的城市学校中，所有人或多或少都有些不同，他们的背景乱七八糟，因此很难用某个人的特殊性来羞辱对方。如果这个小女孩格外的不聪明，情况也会如此。孩子们不会在玩耍或学习时拉帮结派，他们的背景和社会交往过于复杂也过于多变，所以郊区儿童中那套戏弄"与众不同"的孩子的残酷手段在这里行不通。

现在，让我们看看这个聪明的女孩长大之后的生活。如果城市文化同今天一样，那么社会学家知道她将会遭遇什么。首先是那些老生常谈——它们应验了太多次，以至于人尽皆知——她会在工作中遭遇不平等，聪明的男人害怕将她当作对等的个体对待。除此之外，她成年后的城市生活还会受到种种不那么明显的限制。往往只有在工作场合，她才能与男性以朋友身份相处，在这个领域之外，她很难结交什么人，除非对方也在追求她。一旦她结婚，放弃工作并成为一名家庭主妇会让她感受到无以复加的悔恨，因为在家庭主妇的工作以及她与社区中其他人的交往中，她的智慧几乎毫无用武之地。对这样的年轻女性来说，她在城市的生活只剩下两种选择，它们同等地难以接受，且都会使她被孤立：如果选择职业，那么从此之后的社会交往对象，将仅限于想同自己竞争的同事和想占有自己的男人；如果选择另一条更为常见的道路，回归家庭主妇与社区生活，那就再也没有运用智慧的空间。但是，在一个男人与女人被迫为了相互适应与生存而进行各种接触的城市中，这种极端的孤立情况将显著减少。工作并不会成为单身女性与同龄人交往的唯一社会场合。由于必须处理自己居住的街区、工作的街区以及城市范围内的政治与社会问题，她将会在各种各样的情境下，遇到大量与她有着共同兴趣与好奇心的人。聪明的年轻女孩不再需要像现在这样，为了结识男性而强迫自己去志愿组织或政治会所工作。出于共同行动的必要性，参与这类组织会成为社会生活中自然的一部分。如果女性结婚生子并放弃了事业，同样必要的社区关系将为她提供施展才华的重要场所。通常情况下，有大量聪明的中年家庭妇女留在郊区并渴望为所居住的社区工作，但除了为学校或医院中"真正的"专业人员当助手外，她们几乎没有工作的空间。通过增加她们所处的社区的复杂性，并放松例行规则的束缚，这些女性将有机会发挥创造力，并过上强有力的社区生活，即使她们选择退出了职业生涯。

社区生活的这种改变，并不会使聪明的女性的处境发生明显改观；聪明的男性和其他女性，将依然对她们抱有复杂的歧视和恐惧心态。但对我所描述的这类年轻女性来说，她们在童年与青春期时因与众不同而受到的非难将被减弱；在成年之后，新的无政府社区能为她们提供走出孤立境地的机会，无论她们是否追求职业发展。

接下来，让我们设想一下无政府城市会如何影响某一群平凡的市民：那些如今变得相对富裕的"工人阶级"。在普遍的刻板印象中，这些富裕的工业劳动者和服务人员已经变得保守，并成为维护压迫性的"法律与秩序"的力量。因此，他们看似是最抗拒社会变革的那一群人，因为变革会为城市带来更大的混乱。

研究者们逐渐发现，这些富裕的工人阶级社区与城市中其他群体的隔绝程度越高，他们对法律与秩序的呼声也就越大。以波士顿为例，同样是爱尔兰人的聚居地，南波士顿（South Boston）地区的人们对越轨和冲突的恐惧要比北剑桥（North Cambridge）地区的人们大得多；前者在地理上与城市大多数区域没有联系，后者则处于城市中心，并在某种程度上充满了黑人与大学生。在过去二十年间美国城市的发展中，民族聚居地变得相当的同质化；于是，对外来者的恐惧日益增长，最终使这些民族社区与外界切断了联系，这似乎并不令人感到意外。

如果通过改变区域划分，以及超越民族的舒适边界进行必要的权力共享，能够提高城市社区的渗透性，我相信工薪阶层的家庭会更愿意与不同于自己的人们相处。但人们呼唤法律与秩序的原因远比社区环境的影响来得复杂，也没有谁自认为依靠一种不同的社区类型就能够改变其中潜藏的地位不安全感与工作挫败感。即使如此，在不同人群中生活的经验依然有其力量；它使敌人失去了清晰的形象，因为人们会日复一日地见到大量陌生而又不完全陌生的外来者。

让我们想象一个搬入了某个混乱社区的家庭，其中的父亲是一名工厂工人。这个家庭的成员被迫与他人接触，对方可能是富裕起来的黑人家庭、经理人员与专业人员、年轻人或者中年人。无论这个家庭怎样渴望将那些不道德的、不爱国的"他们"排斥在外，这个社区的形象和需求都与之背道而驰。但是，对这样的家庭来说，这些社区同样拥有更进一步的积极价值。

在这样的社区中，对冲突的科层制管控已经消失。与中产阶级官僚占据主导的情境相比，工厂工人能够在更为平等的基础上与周围的人对抗。因为当今的中产阶级更愿意使用非个人的、无身份的官僚机构与权力，这已然成为他们对付日常劳动者的强大武器。而在无政府的城市中，这种武器被有意地削弱了。恰恰是个人的影响力与个人同盟的模式，塑造了新城市中的无序的平衡；从历史上看，由此衍生出的政治关系，或相对不那么正式的社区关系，正是工人阶级参与同他们利益攸关的制度的方式。我相信，与如今的状况相比，这样的社会环境更能使一个从事微不足道工作的人，在与他者交往时感受到自己是个真正的人。他可以发挥自己的人类力量，让别人听见他的声音，而不是被那些与他不同的、更工于官僚管理技艺的人们蒙骗。像现在大部分的富裕的工人阶级地区那样，通过确保社区中所有人的一致性来建立共同尊严的做法不会再出现，相反，这个劳动家庭可以通过一种更令人满意的方式确立自己的尊严；那就是建立一个处理冲突与和解的社区舞台，其中的人们应该将彼此视为必须对话的具体存在。

这样，通过迫使人们相互交往，混乱的城市将有助于缓解人们对地位的羞耻心，并降低他们面对庞大官僚机构时的无助感。富裕的工人对压迫性的法律和秩序的悲哀渴望，也能够在这种参与中减弱。

无政府城市对面临日常问题的普通人的感受的最后一个影响，体现在城市本身的功能效率上。有关当今城市中服务质量与环境健康的投诉浩如烟海：交通堵塞、空气污染、街道肮脏；消防、警察和环卫工人数量不足，并通过罢工要求已经亏损的城市支付更多工资；大多数城市学校的设备简陋且过时，教师和工作人员的配置也不够。

这些问题需要靠更多的钱来解决，而本书是在刻意避免提供增加税收的新方案。在美国，要想为城市发展筹集更多资金是一件极其简单的事情：经济的首要目标必须从大规模的军费开支转向更公平的公共资源分配。只要军费开支依然占据公共财政的主要地位，那么其他提高财政收入的行动不过是宣传手段而已，实际效果杯水车薪。美国的经济当然足以为城市提供资金；毕竟，那些远不如美国富裕、但并未将预算全部投入军事行动的国家，对它们的大城市的维护远比美国充分。正如我这样的城市学家在过去几年里反复重申的那样，这个国家的城市财政问题本质上是军费问题。唯一的解决方案，就是将经济重心从军事工业转向城市工业。

但假设获得了可用资金，它最佳的社会用途又是什么？如我在本书中试图展示的那样，城市管理中看似例行的某些事物不应当被常规化，比如警察、住房建设与学校管理。相反，社区生活的机会应当成为惯例，从而使直接参与其中的人们恢复生机。此外，我试图说明指导这些服务规划的特定运作模型——也就是以机器生产货物为原型的那种方式——在管理城市居民的社会事务时为何会功能失调，或者用经济学家的话来说，产生反作用。一旦城市服务的财政基础因军费缩减而扩大，这些服务将更能响应城市居民的愿望，只要人们能够将围绕城市服务展开的冲突视作自我管理中必要的、可取的过程。城市服务的崩溃——教师、医院职员的罢工等等——并不是对公众的一种不道德的威胁，而是人类需求的表达；这些人渴望被听见，但他们的发声却被如今的中央官僚机构阻挠。要想消除公共场所中的冲突，则必将回到这样一种观点，即城市社会中的广大群体最大化的利益，能够通过非个人化的官僚手段加以"管理"。而如前所示，规划者对他人生活造物主般的权力，只会为暴力干预提供助力。

如果允许冲突在公共领域发生，如果官僚机构的例行公事变得社会化，那么此种无序将会在公共生活中培养出一种更大的敏感性，人们将会意识到公共服务与城市居民间的联结存在问题。军国主义在城市服务中造成的财政危机，进一步强化了一种观念，那就是"良好的"公共服务应当让一些例行手段发挥作用。而一旦资金到位，日常生活面临的威胁将会呈现出全新的特点。对公众以及公共问题的处理来说，这些威胁将成为"激活"公共服务机构的抓手。

这场冲突的成果就是本书的核心要点，它是一个微妙的矛盾情境：在将城市从预先计划的控制中解放出来的过程中，人们将更能掌控自己、也更加了解彼此。这是无序的承诺，也是它的正当性来源。

图书在版编目(CIP)数据

无序的用处:个人身份与城市生活/(美)理查德
·桑内特(Richard Sennett)著;戎渐歆译. —上海:
上海人民出版社,2023
书名原文:The Uses of Disorder：Personal
Identity and City Life
ISBN 978-7-208-18196-0

Ⅰ.①无…　Ⅱ.①理…②戎…　Ⅲ.①城市社会学-
研究　Ⅳ.①C912.81

中国国家版本馆 CIP 数据核字(2023)第 047711 号

责任编辑　吴书勇
装帧设计　李婷婷

无序的用处
——个人身份与城市生活

[美]理查德·桑内特 著

戎渐歆 译

出　版	上海人民出版社	
	(201101　上海市闵行区号景路 159 弄 C 座)	
发　行	上海人民出版社发行中心	
印　刷	上海盛通时代印刷有限公司	
开　本	890×1240　1/32	
印　张	6	
插　页	5	
字　数	110,000	
版　次	2023 年 6 月第 1 版	
印　次	2023 年 6 月第 1 次印刷	

ISBN 978-7-208-18196-0/C·681

定　价　58.00 元